Jonas auf der Reise zu sich selbst und seinem Leben

Eine mögliche Lebensgeschichte

Widmung:

Allen Menschen, die sich auf die Suche nach sich selbst und dem Geheimnis des Lebens begeben.

Peter Wandler

Jonas auf der Reise zu sich selbst und seinem Leben

Eine mögliche Lebensgeschichte

Bibliografische Information der Deutschen Nationalbibliothek: Die Deutsche Nationalbibliothek verzeichnet diese Publikation in der Deutschen Nationalbibliografie; detaillierte bibliografische Daten sind im Internet über http://dnb.dnb.de abrufbar.

© 2017 Peter Wandler
Umschlagsgestaltung: Andreas Pahl, Müllheim
Umschlagsbild: Mary-Anne Alejandro
Herstellung und Verlag:
BoD- Books on Demand, Norderstedt

ISBN: 978-3-746033396

Inhaltsverzeichnis

Geburtstag

Jonas war heute genau 16 Jahre alt geworden. Für ihn war die Zeit bis zu diesem Tag nur langsam vergangen. Seine Eltern empfanden das etwas anders. Scheinbar hatte es mit ihrem Alter zu tun. Denn ältere Menschen schienen eine andere Empfindung im Laufe ihres Lebens für die Zeit zu entwickeln. Und dieses Ereignis führte zwangsläufig zu der heutigen Geburtstagsfeier. Diese familiären Großereignisse gehörten zu den Veranstaltungen, zu denen Jonas am liebsten verreist wäre. Genaugenommen freuten sich nur alle anderen Beteiligten über so ein Zusammentreffen. Die Person Jonas gehörte für sie eher zu einer notwendigen Begleiterscheinung. Denn eine Unterhaltung mit ihm fand nicht wirklich statt. Jedenfalls waren das seine Erfahrungen der letzten Jahre gewesen. Und abgesehen von einigen Geschenken, hätte das Geburtstagsfest aus seiner Sicht auch ins Wasser fallen können. Sein Opa Fridolin blieb solch einem Treffen von Bekannten und Familienangehörigen gerne fern. Ihm waren die aus seiner Sicht recht oberflächlichen Gespräche, die oft nur mit der Selbstdarstellung der Besucher zu tun hatten, völlig unnötig. Aus seiner Sicht waren sie nur Zeitdiebe. Auch wenn ihm Jonas sehr am Herzen lag, wollte er sich dem nicht aussetzten. So war er bereits seit 2 Jahren den Feiern ferngeblieben. Immer am Folgetag nach Jonas Geburtstag trafen sich die beiden. Und da morgen Freitag war, sollte Jonas bei ihm ein verlängertes Wochenende, bis zum Donnerstag der Folgewoche verbringen. Bei ihm fand er sich gut aufgehoben und verstanden. Und die Gespräche waren für Jonas immer etwas Besonderes. Sein Opa war einfach anders, als die Menschen, die er bereits in seinem jungen Leben kennengelernt hatte.

Er lebte mit seinen Eltern in einer Etagenwohnung, irgendwo in unserem Land. Doch für unsere Geschichte spielt das eher eine untergeordnete Rolle. Aktuell befand er sich in der 9. Klasse seiner Schule. Seine Schulnoten waren eher mittelmäßig. Jonas wurde nicht religiös erzogen, noch war er bisher nach christlichen Maßstäben irgendwann getauft worden. Seine Eltern konnten mit dem religiösen Quatsch, wie sie diesen bezeichneten, überhaupt nichts anfangen. Opa Fridolin jedoch vertrat hierzu eine gänzlich andere Meinung. Er ging wohl kaum einmal in die Dorfkirche und hatte in der Vergangenheit mit dem dortigen Pastor so seine Meinungsverschiedenheiten gehabt. Jonas war einmal Zeuge einer Unterhaltung geworden, in der es um das Verhältnis von Gott zu den Menschen ging. Pastor Meininger hatte die Meinung vertreten, dass alle Menschen bereits mit ihrer Geburt Sünder seien und sich somit nur ehrfurchtsvoll und unterwürfig dieser Instanz nähern dürften. Opa Friedolin bestritt dies aber vehement und wurde zu guter Letzt des Hochmutes bezichtigt. Doch das war bei Opa Friedolin recht schnell vergessen. Denn er schien immer sehr gelassen und zu wissen, wie er selbst nach Außen wirkte. Es war anscheinend mehr als nur ein Glauben an einen Gott. Für Jonas schien es, dass sein Opa in seinem Leben viel erlebt und dadurch seine große Weisheit erworben hatte. Jedenfalls wollte er das Geheimnis der Weisheit, das seinen Opa umgab, irgendwann einmal lüften.

Besuch und Gespräche mit Opa Fridolin

Und nachdem sein Geburtstag mit den Verwandten und Freunden der Familie hinter ihm lag, machte er sich am Folgetag auf den Weg. Bis zum Anwesen seines Opas musste er dazu durch einen kleinen Wald wandern, an einem Bach vorbei und über eine Brücke gehen. Gut 30 Minuten war er unterwegs. Das Fahrrad wollte er heute nicht nehmen, denn bei einer Wanderung konnte er mehr von der Natur wahrnehmen. Opa Fridolin hatte ihn auf seinen vielen Ausflügen durch den Schwarzwald immer wieder auf die vielfältige Natur und seine Lebewesen hingewiesen. Er hatte ihn mit den vielen unterschiedlichen Tieren, Insekten, Blumen und Bäumen vertraut gemacht. Und mittlerweile konnte er die Vögel an ihrem Gesang oder an ihrem Flugverhalten gleich zuordnen. Es war eine andere Welt, die scheinbar weit von der ihm bekannten Schule und den Internet- und Computerspielewelten entfernt lag. Und doch war sie ohne irgendwelche technischen Voraussetzungen zum Greifen nah.

Opa Fridolin hatte in diesem Jahr vor, seinem Enkel zwei Geschenke zu machen und erwartete ihn bereits. Eines davon sollte etwas ganz Besonderes sein. Als Jonas bei ihm eingetroffen war, begrüßten sie sich erst einmal sehr herzlich. Er war schon als kleiner Junge bei seinem Großvater "zur Aufbewahrung" abgegeben worden. Auch wenn der Begriff "Aufbewahrung" recht hart klingen mag. Seine Mutter musste damals arbeiten gehen, um Geld für die junge Familie zum Lebensunterhalt mit zu verdienen. Und so hatte sich zwischen den beiden eine Beziehung entwickelt die weit über das Verhältnis Opa und Enkel hinausging. Er war für Jonas zu einem Ratgeber in allen Lebensfragen und zu einem richtigen Vorbild geworden.

"Also Jonas", fing er an, "ich möchte Dir zwei Geschenke in diesem Jahr geben. Zuerst einmal schenke ich dir etwas Persönliches und am Montag bekommst du noch etwas Weiteres von mir. Wie du sicherlich auch festgestellt hast, haben Dir gestern die wenigsten Geburtstagsgeschenke wirklich gefallen. Oftmals wird etwas von deinen Besuchern gekauft ohne Dich zu fragen oder sie nutzen nicht einmal ihren menschlichen Verstand. Es geht den meisten Menschen nur noch darum, aus Anstand irgendetwas mitzubringen. Du weißt; ich bin; was das Geld betrifft; nicht reich. Dafür besitze ich andere Dinge des Lebens; die einen Menschen wirklich glücklich machen. Doch dazu wirst du in den folgenden Tagen mehr erfahren. Ich möchte Dir, da du nun ein Alter erreicht hast, indem du eigenverantwortlich und selbstständig leben solltest, noch einiges auf Deinen Lebensweg mitgeben. Und da ich nicht unendlich lange in diesem Haus leben werde, möchte ich Dir etwas schenken, was Dich an die Vergänglichkeit des Lebens erinnern soll. Diese Vergänglichkeit sollte Dir nach Möglichkeit immer bewusstwerden, wenn du Projekte oder größere Sachen planst, die Dich Lebenszeit kosten werden". Er überreichte seinem Enkel ein kleines Päckchen. Jonas war natürlich sehr gespannt und öffnete vorsichtig sein Geschenk. Zum Vorschein kam eine alte Taschenuhr. Diese hatte sein Opa bereits von seinem Vater geschenkt bekommen. Die Zeiger hatten eine verschnörkelte Form und das Goldgehäuse glänzte nicht mehr so richtig. Es sah sehr matt aus. Als kleiner Junge hatte Jonas die alte Taschenuhr seines Opas oft in seine Hände genommen, um ihr beim Ticken zuzuhören. Die Uhr hatte ihn schon immer begeistert. Sie war für ihn zu einem Teil seiner Kindheit geworden und er verband mit ihr viele Erlebnisse mit seinem Großvater sowie ein Gefühl von Geborgenheit und Heimat.

"Diese Uhr tickt immer weiter, genauso wie sich die Jahreszeiten immer wieder abwechseln. Unaufhörlich schreitet die Zeit weiter. Und so ist es auch für jeden Menschen, ob er nun arm oder reich ist. Diese Uhr soll Dich zuerst einmal an mich erinnern und des Weiteren daran, dass auch Deine Zeit nicht unendlich auf dieser Erde ist". "Aber Opa", das klingt ja nach Abschied und nach Deinem Tod". "Das wird sich früher oder später nicht vermeiden lassen. Doch bevor es soweit sein wird, werden wir noch viele Stunden miteinander verbringen. Du weißt, du kannst mich alles fragen, was Dein Herz bewegt. Und wenn du in einigen Jahren nochmals älter geworden bist, könntest du alles, was du bis dahin erfahren hast, in einem Buch veröffentlichen. Denn viele Menschen auf der Erde benötigen auf ihre vielen Fragen Antworten. Egal ob ihnen die

Antworten logisch erscheinen, gefallen oder auch nicht. Im besten Fall bewegen sie die Worte in sich". "Danke Opa", antwortete Jonas. "Und was wolltest du mir noch schenken?" "Etwas sichtbares, also Materielles, hast du nun schon. In der anderen Angelegenheit benötigen wir noch etwas Zeit. Ich möchte Dir vorher noch etwas erklären. Jedoch werden in Dir am Anfang viele Fragen auftauchen. Und die müssen wir erst einmal aus dem Weg räumen. Du benötigst eine gewisse Klarheit bis die Reise weitergeht". "Was für eine Reise denn?" "Die Reise zu Dir selbst, Jonas".

"So, lass und nachher weiter über uns sprechen. Bis zum Mittagessen in 20 Minuten kannst du Dich in Deinem Zimmer einrichten". In dem Zimmer, in dem er sich seit vielen Jahren während seiner Besuche aufhielt, stand am Fenster ein alter Sessel. Jonas setze sich erst einmal hinein und sah direkt auf den Waldrand. Der Wind bewegte die Äste und Blätter der Bäume, so dass er deren leises Rauschen vernahm. Auch die Sonnenstrahlen, die in sein Fenster fielen, wurden durch die sich bewegenden Blätter immer wieder unterbrochen. Etwas seitlich von dem Kachelofen, der im Winter beheizt wurde, hing ein altes Bild. Auf dem alten Ölgemälde war ein Schloss oberhalb eines Berges abgebildet. Das wirklich für ihn beindruckende aber war, dass ein Großteil des Bauwerkes hinter einer Nebelwand, wie durch einen Schleier, verborgen war. Wenn er es betrachtete, hatte es für ihn etwas Verborgens und Geheimnisvolles - und irgendwie auch etwas Anziehendes. Und obwohl er das Bild bei seinen häufigen Besuchen schon oft gesehen hatte, war heute ein Tag, an dem Jonas ganz in dessen Bann gezogen wurde.

Opa Fridolin hatte bereits den Esstisch in seiner großen Bauernküche gedeckt. Links neben dem Tisch stand ein Kachelofen mit weiteren Sitzmöglichkeiten. Dort verbrachten seine Katzen am liebsten den Winter. In der Mitte des Raumes stand ein großer Herd mit allen möglichen Küchenutensilien und einem Spülbecken. Er hatte vor vielen Jahren die Aufteilung selbst geplant und umgebaut. Handwerklich war er sehr begabt. Und so schien es Jonas, dass es wohl nichts gab, was sein Opa nicht wusste oder konnte.

Es gab eine Gemüsesuppe. Alle Zutaten kamen dafür direkt aus dem Garten. Zusätzlich hatte Opa frisch gepressten Apfelsaft im Angebot. Der riesige Garten mit vielen unterschiedlichen Obstbäumen bot gerade im Sommer eine reichliche Auswahl an Früchten. "Sag mal Opa, wo kommt denn das Bild her, das in meinem Zimmer hängt?" "Als ich das Haus vor gut 20 Jahren gekauft habe, war es bereits in dem Zimmer. Für mich gehört es genau da hin. Aber warum fragst Du?" "Es ist irgendwie eigenartig. Es wirkt auf mich, aber ich weiß nicht warum?" "Nun, in Dir wird etwas angesprochen. Wir Menschen haben natürlich auch Gefühle und Empfindungen. Diese sind mit dem menschlichen Verstand kaum oder nur schlecht zu erklären. Also wird es nicht Dein Verstand sein, der sich angesprochen fühlt. Dein Verstand wäre zum Beispiel dann angesprochen, wenn Du es haben wolltest, um es zu verkaufen." "Nein Opa, das ist es nicht. Nach dem, was Du sagst, besitze ich neben meinem Verstand auch Gefühle. Und diese Gefühle können mich dann zusätzlich beeinflussen?" "Ja, so ist es mit uns Menschen. Aber Du hast, wie jeder Mensch auch noch eine feinere Art von Gefühlen. Sie werden als Empfindungen bezeichnet. Wenn Du Dich unwohl in der Gegenwart eines anderen Menschen fühlst oder Dich verliebt hast, dann wären es Empfindungen. Diese sind mit dem menschlichen Verstand nicht zu erklären. Das Unterscheiden von Gefühlen und Empfindungen ist am Anfang nicht so einfach. Aber ich denke, dass Du während Deines Aufenthaltes hier oder später in Deinem Leben den Unterschied noch erfahren wirst. Es wird Dir helfen, mehr über Dich und Dein Tun zu erfahren. Das Bild hat für Dich, und wie es einige Menschen beschreiben würden, etwas Magisches."

"Aber was ist denn Magie, Opa?" "Es ist alles magisch, von dem Du Dich angezogen fühlst und nicht erklären kannst, warum es so ist. Gehe einmal auf Deine eigene Entdeckungsreise. Frage Dich, warum das Bild Dich anspricht. Genaugenommen spricht das Bild mit Dir." "Aber sprechen denn alle Bilder?" "Nun ja, einige haben eine Botschaft für Dich, andere wiederum nicht. Was den einen Menschen anspricht, muss einen anderen nicht ansprechen. Und auch der Künstler kann eine Botschaft an den Betrachter des Bildes hinterlassen haben. Vielleicht hat er es gerade mit starken Empfindungen, die er beim Malen hatte, auf die Leinwand gebracht. Bevor Du heute Abend schlafen gehst, setze Dich nochmal in den alten Sessel am Fenster und versuche, mal etwas über die Magie, die Du für das Bild empfindest, zu erfahren. Manchmal gelingt es auch, ein wichtiges persönliches Thema in seinem Schlaf mitnehmen, um vielleicht in einem Traum mehr dazu zu erfahren. Oder Du wachst am Morgen auf und weißt was es ist, dass Dich so beschäftigt. Das kannst Du natürlich auch mit allen anderen Fragen zu Deinem Leben so machen." "Was Du alles weißt, Opa." "Es sind meine Lebenserfahrungen. Aber damit stehe ich nicht alleine auf der Welt. Es gibt immer Menschen, die sich Gedanken über das Leben machen und auch im Leben bewusst lernen wollen. Andere Menschen jedoch sind mit sich und der Welt so zufrieden, dass sie sich für so etwas nicht interessieren. Gefährlich ist es immer für einen Menschen zu meinen, er wüsste alles über sich und die Welt. In solch einem Fall gibt es keine Begeisterung für etwas Neues mehr und somit kaum noch eine persönliche Entwicklung. Es ist an und für sich alles auf dieser Welt ein großes Spiel, das Spiel des Lebens.

"Aber Opa, wie funktioniert das denn mit dem Schlaf, den Träumen und Erklärungen für meine Fragen?" "Eine berechtigte Frage von Dir, Jonas. Was glaubst Du, wer Du bist?" "Na ja, ich bin Jonas." "Und Du als Jonas besitzt einen wachen Verstand und dazu auch

Gefühle. Aber bist Du nun nur dieser Verstand und Deine Gefühle?" "Das weiß ich nicht, dazu habe ich mir noch keine Gedanken gemacht. Was soll ich denn mehr sein?" antwortete Jonas. "Du hast Gedanken, aber sind es nur Gedanken, die aus Deinem Verstand entstammen? Aber darum bist Du nicht diese Gedanken. Du hast Gefühle. Und doch sind es Gefühle, die aus einer anderen Instanz entstammen. Aber bist Du denn ein Gefühl? Du hast Gedanken und Gefühle, bist diese aber nicht. Sie sind Auswirkungen Deines Lebens als Mensch." "Aber was soll denn da noch sein, Opa?" "Es gibt bei allen Menschen auf der Welt eine weitere Instanz. Und die wird in einigen Religionen als Seele, Gottesfunken oder als Selbst bezeichnet. Und diese Instanz kann zu Dir sprechen. Ob das nun über Träume geschieht, über eine Meditation oder einen anderen Weg." "Aber wieso wird das dann in der Schule nicht unterrichtet?" "Na ja, Deine Lehrer wissen es leider selbst nicht, wer sie wirklich sind, wie die meisten Menschen. Vielleicht vermuten sie so eine Instanz in sich, gehen aber nicht den Weg, darüber Gewissheit zu erlangen. Und das ist das eigentliche Problem der Menschheit. Denn wenn alle um diese Instanz wüssten, würden die Dinge der Welt keine so große Macht mehr ausüben können. Es wäre allen bewusst, ein Teil der menschlichen Gemeinschaft zu sein und sich für die Allgemeinheit einzusetzen. Somit würden die Menschen dem Leben einen größeren Wert zumessen und nicht den Dingen. Die Dinge wie ein Auto, ein Computer, eine Wohnung, ein Haus sind als Spielsachen und Hilfsmittel der Menschen angedacht. Sie können unter Umständen notwendig sein, um das eigene Leben besser zu gestalten. Doch das wirkliche Glück im Leben wirst Du durch den Besitz von materiellen Gegenständen und seien sie noch so schön, nicht finden."

"Und was ist denn Meditation?" "Das ist der Kontakt zu Deiner inneren Stimme." "Hat das auch mit der Reise zu mir zu tun?" "Ja natürlich. Dazu Jonas, wirst Du heute von mir nichts mehr erfahren. Ich verspreche Dir, in den nächsten Tagen wirst du selbst einige Erfahrungen und somit Erkenntnisse gesammelt haben. Lass uns in diesem Zusammenhang noch einen kleinen Abendspaziergang machen. Es ist heute Vollmond. Denn auch das Mondlicht besitzt etwas Magisches, ähnlich wie das Bild in Deinem Zimmer." Und so gingen die beiden noch ein Stück in den Wald, setzten sich danach auf die Gartenbank und schauten sich den Sonnenuntergang an, bis der Vollmond die Sonne am Himmel abgelöst hatte.

Jonas legte sich in sein Bett. Selbst der Fenstervorhang, den er vor sein Zimmerfenster gezogen hatte, konnte das Mondlicht nur leicht beeinflussen. Er dachte an das Bild, das ihn besonders heute in seinen Bann gezogen hatte. Obwohl er sehr oft in diesem Zimmer übernachtet hatte, war heute scheinbar der Tag, an dem das Bild ihm irgendetwas mitzuteilen hatte. Was hatte Opa gesagt? Gehe auf Deine eigene Entdeckungsreise. Er stand nochmals auf und ging zum Lichtschalter. Im Licht der Zimmerlampe erschien ihm das Bild noch magischer. Mit seinem Verstand konnte er seine Faszination für das Bild nicht erklären. Und seine Gefühle und Empfindungen vermittelten ihm etwas Geheimnisvolles, Mystisches aber auch eine Vorfreude darauf, ein Geheimnis zu entschlüsseln. Für heute wollte oder musste er das Geheimnis des Bildes ruhen lassen. Er war müde und morgen war auch noch ein Tag. Und wie Opa gesagt hatte, konnte auch ein Traum die Lösung bringen. Und mit den Sätzen „Du besitzt einen Verstand und hast Gefühle. Aber Du bist weder das eine noch das andere" schlief er recht schnell ein.

2.Ferientag

Am Samstagmorgen war der Frühstücktisch für ihn bereits gedeckt. Opa hatte frische Brötchen besorgt und es gab wieder reichlich Marmelade, die er selbst eingekocht hatte. "Hoffe, Du hast gut geschlafen, Jonas." "Ja schon, aber das Bild beschäftigt mich immer noch." "Übereile nichts, Du wirst die Lösung schon zum richtigen Zeitpunkt finden." "Aber wer legt denn den richtigen Zeitpunkt für mich fest?" "du selbst, Jonas." "Das verstehe ich aber nicht." "Ich habe Dir gestern etwas von Gefühlen und Gedanken erzählt. Du bist nicht Dein Verstand, noch bist Du Dein Gefühl. Du besitzt beides. Nun stellt sich die Frage: Wer besitzt denn beides?" "Na ich selbst", antwortete Jonas. "Aber, wenn Du Recht hast, drehe ich mich doch im Kreise. Ich besitze beides, bin es aber nicht. Bezeichne mich aber selbst als die Person Jonas." Opa Fridolin schaute erstaunt auf. Sein Neffe hatte gerade eine wichtige Schlussfolgerung gezogen. Und das konnte er nur, weil er dem bisherigen Gespräch gefolgt war. "Erinnere Dich an unser Gespräch von gestern. Da hatten wir noch von einer weiteren Instanz in jedem Menschen gesprochen. Und das ist der göttliche Funke in Dir. Somit besitzt Du die direkte Verbindung zur Schöpfung oder dem was die Menschen als Gott bezeichnen. Und diese Instanz entscheidet über den richtigen Zeitpunkt, damit aus Deinem Glauben, Wissen wird. Das ganz besondere Wissen, das aus der Erkenntnis folgt."

"Genaugenommen verstehe ich das immer noch nicht", meinte Jonas. "Da bin ich als Jonas auf der Welt, besitze ein Leben, in dem ich meinen Verstand einsetzte und Gefühle habe. Aber in Wirklichkeit soll ich nicht dieser Jonas sein?" "Doch, Jonas bist Du für die Zeit Deines Lebens auf der Erde. Du hast eine Menschenrolle übernommen. Aber Dein wirkliches Wesen, genauso wie von allen anderen Menschen, ist nicht von dieser Welt. Dazu musst Du noch etwas mehr über das Leben wissen. Es war vor sehr langer Zeit die Idee entstanden, eine Welt zu schaffen, die eine große Vielfalt an Lebewesen beheimaten sollte.

Alles, was Du heute noch siehst, also mit Deinen Augen wahrnehmen kannst, befindet sich auf einer materiellen und somit sichtbaren Ebene. Und diese wurde von vielen unzähligen Helfern, bezeichnen wir sie mal Wesen, geschaffen und entwickelt. Auch heute sind noch viele geistige Helfer unterwegs. Du hast sicherlich bereits von Naturwesen oder Naturgeistern gehört. Es gibt aber noch weitere Helfer für die Welt sowie die Menschen. Der eigentliche Ursprung des sicht- und unsichtbaren Lebens auf der Erde liegt aber auf einer geistigen Ebene. Mit anderen Worten, in der geistigen Welt. Und erst, wenn etwas im Geistigen entstanden ist, kommt es auf die materielle Ebene. Genauso ist es auch für uns Menschen. Wir haben einen Gedanken, eine Idee, die wir dann in etwas Sichtbares umsetzen können. Ein Künstler bringt seine geistigen Ideen in diese materielle Welt, indem er ein Kunstwerk schafft. Denke mal an das Bild, das Dich so beschäftigt. Aus Gedanken, Vorstellungen und Gefühlen des Künstlers ist das Bild entstanden. Und diese Möglichkeit haben wir alle. Wir Menschen können in einem bestimmten Rahmen selbst zum Schöpfer werden. Du wirst in Deinem Leben oft an diese Gesetzmäßigkeit noch erinnert werden. Eine Besonderheit gibt es aber noch. Wenn ein Mensch die Verbindung zu seiner göttlichen Instanz lebt, dann kann er Großes bewirken. Der Maler malt aus sich selbst, ein Schriftsteller schreibt aus sich selbst, ein Schreiner erstellt ein schönes Möbelstück aus sich selbst.

Und nachdem diese materielle Welt, also die Erde mit ihrem vielfältigen Leben geschaffen war, sollte sich dort eine Menschheit etablieren. Das Ziel sollte sein, dass die Menschen mit der Möglichkeit ihres freien Willens ein eigenständiges Leben auf der Erde leben.

Der Preis hierfür war, dass sie ihre Herkunft vergaßen. Sie sollten sich frei entwickeln, Erfahrungen sammeln und somit diesen Planeten in seiner Vielfalt wahrnehmen. Und somit bekamen die vormals geistigen Menschen, ich nenne sie mal zum besseren Verständnis so, die Möglichkeit, in einem Körper neue und somit zusätzliche Erfahrungen zu erleben. Für diese Lebens- und Erlebensmöglichkeit sollten alle Eltern menschliche Werte weitergeben und für eine Erziehung und die Entwicklung ihrer Kinder sorgen. Diese Kinder sollten dann als Erwachsene selbst die erlernten Fähigkeiten, die Traditionen und ihr Wissen weitergeben."

"Und was spielt dann Gott noch für eine Rolle für die Entstehung dieser Welt?" "Jonas, das, was die Menschen als Gott bezeichnen, und da gibt es viele Namen für diese eine Instanz, ist der Ursprung allen Lebens. Und dieser Ursprung hat diese Erde in Auftrag gegeben. Und hierzu haben ihn aus der geistigen Welt eine Vielzahl von Wesen unterstützt. Nun musst Du Dir aber nicht vorstellen, dass es einen Herrscher auf einem Thron gibt, das ist eine sehr weltliche Sicht. Die meisten Menschen nehmen in aller Regel ihr Leben nur in dieser materiellen Welt wahr. Auch dadurch sind die vielen menschlichen Sichtweisen für einen Gott entstanden. Aber natürlich spielt auch immer wieder die Erziehung und Bildung für solche Sichtweisen eine nicht zu unterschätzende Rolle. Wenn Du so willst, könnte man auch sagen, dass jeder Mensch sein eigenes Gottesbild hat. Jedenfalls, soweit er einen Gott für sich annimmt." "Du kennst doch oben links neben der Bergwiese den kleinen Bach. Ich möchte Dir, dass gehört zu unserem Programm für die nächsten Tage, ein kleines Experiment vorschlagen. Gleich nach dem Frühstück wandere dorthin und setze Dich an den Bach. Schließe Deine Augen und höre einfach auf das, was Du hörst." "Aber wofür soll das denn gut sein, Opa?" "Vertraue mir einfach, es hat einen Sinn, auch wenn Du ihn nicht sofort erkennen solltest. Manches in Deinem Leben und dem Leben der Menschen geht schnell, etwas Anderes dauert etwas länger. Das ist meist von den Menschen selbst abhängig."

Jonas machte sich auf dem Weg. Wenn er seinen Eltern von dem Experiment erzählt hätte, dann würden sie wohl an seinem Verstand zweifeln. Und mit seinem Opa Fridolin, dem Vater seiner Mutter, standen sie eher auf Kriegsfuß. Sie sahen ihn und sein gesamtes Leben sehr kritisch an. Denn in ihrem Weltbild war das Leben in einem einsamen Haus mit riesigem Garten eher weltfremd. Für sie war er unbelehrbar, denn er ließ sich von ihnen nichts vorschreiben. Oftmals konnten sie auf seine weisen Antworten, die sie auf ihre Fragen bekamen, nichts mehr erwidern. Und das brachte sie zum Verzweifeln. Ähnlich verhielt es sich mit den anderen Dorfbewohnern. Denn an irgendwelchen Festen, ob nun aus christlichem Anlass oder vom ansässigen Sportverein, war Opa Fridolin nicht interessiert. Er galt in der gesamten Umgebung eher als freundlicher Sonderling. Und da sein Haus etwas außerhalb des Dorfes lag, begegneten ihm die meisten der Dorfbewohner nur selten. Nach gut 15 Minuten bergauf hatte Jonas sein Ziel auf einer Lichtung erreicht. Er suchte nach einem Platz im Schatten und hatte diesen auch recht bald gefunden. Ein abgesägter Baumstamm bot ihm eine gute Sitzmöglichkeit. Überall bewegte sich etwas. Viele Insekten waren dabei, Nektar zu sammeln und auch Waldschmetterlinge, sogenannte Waldbrettfalter, waren unterwegs. Solange er etwas Interessantes sah, wurde er von sich und seiner Person abgelenkt. Das empfand Jonas recht schnell. Also machte es schon Sinn, die Augen zu schließen. Aber was gab es für ihn zu hören?

Er hörte das Plätschern des Baches, das Summen von Insekten, das Knacken von Ästen und viele andere Geräusche. Er spürte einen leichten Wind auf seiner Haut und nahm den holzigen Geruch von frisch gefällten Bäumen wahr. Aber war es das, was Opa Friedolin als Experiment bezeichnet hatte? Er wusste nicht wirklich, wie lange er seine Augen geschlossen hatte. Die Wahrnehmung und das Gefühl für die Zeit ging ihm dabei verloren. Ohne die Augen zu benutzen war es eine interessante Übung, besonders wenn die anderen Sinne im Mittelpunkt der Wahrnehmung standen.

Nach einiger Zeit öffnete er seine Augen, laut seiner Uhr waren gerade mal 10 Minuten vergangen. Für ihn war es eher wie eine Ewigkeit gewesen. War es das gewesen, was er erleben sollte? Langsam ging er bergab, zurück zu Opa-Friedolins-Haus. Der war gerade im Garten mit seiner Tomatenernte beschäftigt. "Hallo Jonas, wie war es am Bach? Was hast Du erfahren?" Jonas erzählte ihm von seinen Wahrnehmungen. "Sehr schön, der Anfang ist gemacht. Gleich morgen musst Du unser kleines Experiment wiederholen." "Aber Opa, was soll das denn? Was soll ich denn noch hören? Wofür soll das denn gut sein?" "Jonas, versuche es einfach nochmal, habe Vertrauen. Vielleicht dauert es noch einige Zeit, aber Du besitzt wie jeder Mensch dafür die Voraussetzung." "Aber wofür denn, Opa?" "Zum Hören. Diese Antwort sollte Dir erst einmal reichen - und ich weiß, wovon ich rede." Jonas musste sich erst einmal mit der Antwort zufriedengeben. Nur war er auch etwas ungeduldig, denn er hatte bereits gelernt, den Dingen nach Möglichkeit schnell auf den Grund zu gehen. Und im besten Fall konnte er alles in Büchern oder im Internet nachlesen. Diesmal handelte es sich nicht um eine theoretische Aufgabe, sondern es sollte wohl auf eine persönliche Erfahrung hinauslaufen.

"Jonas, Du siehst nachdenklich aus, Dein Verstand rebelliert gerade und gibt sich mit meiner Antwort nicht zufrieden. Aber denke daran, Du bist nicht Dein Verstand. Du besitzt einen. Könntest Du Dir ein unendliches Universum vorstellen?" "Nein, das geht nicht, Opa." "Aber warum denn nicht?" "Weil das für mich unvorstellbar ist." "Das hängt damit zusammen, dass wir immer eine begrenzte Sicht auf unsere Umgebung, der Welt und das Universum haben. Unser Verstand begrenzt uns. Wir leben somit in einer selbst geschaffenen Begrenzung. Doch diese Grenzen sind nur von uns selbst oder der Gesellschaft, in der wir leben, gesetzt. Und die meisten dieser Begrenzungen werden durch unseren Verstand geschaffen. Im Laufe meines Lebens habe ich immer wieder Dinge erfahren, die diese Begrenzungen aufgelöst oder zumindest erweitert haben, doch darauf folgten wieder neue Grenzen in meiner Vorstellung. Das geht so lange, bis der Mensch ein Bewusstsein erreicht hat, in dem es keine Grenzen mehr gibt." "Aber wie soll das denn gehen?" fragte Jonas. "Mach Dir mal darüber keine Gedanken, die Voraussetzungen dafür werden wir für Dich in der nächsten Zeit schaffen. Wie weit Du aber diesen Weg gehen wirst, wirst du im Laufe deines Lebens selbst entscheiden müssen. Übrigens, wie jeder Mensch."

Nachdem Jonas am Abend des Tages aus dem Badezimmer gekommen war, nahm er wieder in dem Sessel am Fenster Platz. Zwei Rätsel waren für ihn aktuell zu lösen. Zum einen hatte er immer noch nicht herausgefunden, was ihn an diesem Bild so in den Bann zog, zum anderen waren die Experimente am Bach auch noch nicht abgeschlossen. Wobei die Sache mit dem Bild wohl einfacher zu lösen war. Hierbei wusste er, dass es um das Bild ging. Beim Sitzen am Bach war es für ihn völlig unklar, wofür dass gut sein sollte und wozu es führen könnte. So schaute er wieder zur Wand, an der das Bild hing. Aber wirklich neue Gedanken oder Empfindungen wollten sich nicht einstellen. In der folgenden Nacht schlief er gut und fest. Träume, die zur Klärung seiner Fragen hätten beitragen können, stellten sich jedoch nicht ein.

3. Ferientag

Auch an diesem Tag wiederholte sich das Frühstück mit seinem Opa. Danach machte sich Jonas wieder auf den Weg zum Bach. Diesmal suchte er sich dort eine andere Sitzgelegenheit. Opa hatte ihm noch mit auf dem Weg gegeben, maximal 10 Minuten für die weitere Sitzung dort zu verwenden. Setze Dich an den Bach und höre genau zu, hatte er ihm wieder geraten. Und auch die Geräusche, wie das Plätschern des Baches, die Gerüche und den Wind auf seiner Haut hatte er wieder wahrgenommen. Doch einen Unterschied zu gestern hatte er nicht bemerkt. Und auch nach seiner Rückkehr ins Bauernhaus wiederholten sich die Worte seines Großvaters mit dem Hinweis, es weiter zu tun. "Dein Verstand Jonas, versucht nun, einen Sinn hinter Deinen Aktionen zu erkennen. Jedoch ist Dein Verstand dabei nicht gerade hilfreich. Denn Du hast dazu noch die Erwartungshaltung entwickelt, etwas Bestimmtes zu erleben und das ist leider eher kontraproduktiv. Nimm unsere Aktionen als Spiel. Und spiele einfach nur. Sei neugierig, aber erwarte nichts. Dann erst kann und wird sich etwas einstellen, das Du erfahren sollst."

Aus Opa Friedolin war nichts Näheres zu diesem Experiment herauszubekommen. Jonas wollte sich natürlich weiter auf diesen Weg begeben. Er verspürte einen inneren Druck, weiter zu machen. Nur warum, das konnte ihm sein Verstand nicht erklären. Es ging wohl auch darum, nicht gleich aufzugeben. Es wäre sicherlich einfacher gewesen zu wissen, was das alles bedeuten sollte. Das freundschaftliche Verhältnis, das die beiden im Laufe ihres Lebens entwickelt hatten, war eine gute Grundlage für das gegenseitige Vertrauen. Und das hatte er zweifellos zu seinem Opa. Doch an den beiden Folgetagen sollten sich weitere Erfahrungen ergeben, die ihn langsam zum Lösen seiner beiden Herausforderungen bringen sollten.

Stilleübung 1

Nach dem üblichen Frühstück, das ähnlich wie an den beiden Vortagen abgelaufen war, sollte Jonas heute sein zweites Geschenk bekommen. Opa Friedolin hatte ihm schon so etwas angekündigt ohne weitere Einzelheiten zu erwähnen.

Hierzu trafen sich die beiden in einem Zimmer des Hauses, das ziemlich leer war. Opa hatte zwei Stühle, einen Tisch mit einer Schale, in der sich Blumen befanden, im Raum stehen. Dazu lag ein Teppich auf dem Boden auf dem sich wiederum drei Sitzkissen befanden. Der Raum war vom Sonnenlicht durchflutet und durch das offene Fenster drang Gartenluft in den Raum. Da sich seitlich an der Außenwand zwei Kletterrosen befanden, strömte hin und wieder ein betörender Rosenduft ins Zimmer, den Jonas natürlich bemerkte. Beide nahmen jeweils auf einem der Stühle Platz. "Du warst bisher noch nicht in diesem Raum. Und für jeden Normalbürger würde es nicht ganz verständlich sein, warum man diesen schönen Raum nicht besser nutzt. Bevor dieses Haus hier gebaut wurde, befand sich vor gut 140 Jahren eine Kapelle auf diesem Grundstück. In den alten Papieren, die ich gefunden habe, konnte ein reicher Bauer mit dem Glauben an einen Gott nichts anfangen. Und darum kaufte er den Grund, riss die alte Kapelle ab und baute dieses Haus. Es sollte das größte und schönste Haus werden. Das hat er ja ganz gut geschafft. Nun befindet sich der alte Platz des Altars in etwa hier in der Raummitte. Wie der Zufall es wollte, hat er diesen Raum genau über der ehemaligen Kapelle geplant und errichtet. Der Teppich liegt in etwa da, wo sich der Altar befand. Das alles habe ich in den alten Papieren gelesen, die in einer Nische des Dachstuhles versteckt waren." "Aber könnte dann nicht auch noch ein Schatz dort oben versteckt sein?" "Jonas, dieses Wissen um diesen Raum ist ein viel größerer Schatz, den Du mit Geld nicht aufwiegen kannst."

"Das verstehe ich mal wieder nicht, Opa. Worin liegt den nun der Schatz für Dich?" "Dazu musst Du noch mehr wissen. Bevor die christliche Religion in unseren Breitengrad angekommen war, hatten die Menschen bereits religiöse Orte. Sie besaßen keinen Glauben an einen christlichen Gott, sondern an Götter mit unterschiedlichen Bezeichnungen. Und diese Orte der Verehrung wurden nicht grundlos irgendwo festgelegt. Sondern die Weisen ihrer Zeit verstanden sich darauf Energielinien, die die gesamte Welt umgeben, zu finden und zu nutzen. Und an den Schnittpunkten dieser Energielinien legten sie ihre religiösen Plätze an und bauten zum Teil auch kleine überdachte Bauwerke. Es waren Orte, an denen eine große Energiemenge zusammenkam. Dort sollten die Menschen zur Ruhe und Besinnung kommen und auch bei Krankheiten Hilfe erfahren. Zusätzlich war es dort für die Menschen einfach leichter, mit sich und Gott Kontakt aufnehmen. Es waren die heiligen Orte jener Zeit. Als nun die christliche Religion immer stärker wurde, vernichtete man buchstäblich alles, was an die alten Götter erinnerte und baute direkt auf den alten Kultplätzen christliche Kapellen, Kirchen oder Kathedralen. Diese Bauwerke, die heute in aller Regel noch stehen, befinden sich oftmals auf diesen uralten heiligen Orten. Erinnere Dich nur mal an den Weihnachtsbaum. Der war wohl so fest in den Köpfen der Nichtchristen verankert, dass man ihn kurzerhand in das Christentum mit übernommen hat. Und so gehört er bis heute bei uns zum Weihnachtsfest."

"Das bedeutet also, dass vor oder unter Deinem Haus sich auch solch ein heiliger Ort befindet. Dann verlaufen hier diese Energielinien." "Ja, so ist es Jonas." "Ja aber wofür soll das denn nun gut sein? Das zu wissen wäre ja schon interessant. Aber worin besteht denn der eigentliche Schatz, der mit Geld nicht zu bezahlen ist?" "Ich hatte Dir eingangs erzählt, dass die Weisen ihrer Zeit sich darauf verstanden, Energielinien und besondere Energieorte zu finden und zu nutzen. Und bei der Stilleübung die ich dir gleich erklären werde, hast Du nun den Vorteil, dieses Energiefeld als Unterstützung zu erfahren.

Ich möchte Dir diese Übung als weiteres Geschenk zu Deinem Geburtstag schenken. In den nächsten Tagen folgt dann noch eine weitere. Diese beiden Übungen sind sehr wertvoll, für Dich sowie für alle Menschen. Werden sie immer wieder durchgeführt, dann besitzt Du einen Schlüssel, mit Dir selbst in Kontakt zu treten - und zwar nicht zu Deinem Ich, sondern zu der weiteren Instanz in Dir, von der ich Dir bereits berichtet habe. Lass Dich überraschen, Jonas. Nur, ob es auch gleich funktioniert, weiß ich nicht. Aber der Weg dorthin, den bin ich selbst gegangen. Und deshalb bezeichnen mich die Menschen, na ja nicht alle, wie du weißt, als weise. Aber ob ich nun selbst weise bin, vermag ich nicht zu sagen. Das ist auch gar nicht so wichtig. Denn wenn Menschen andere Menschen mit Komplimenten überhäufen dann läuft man immer Gefahr, hochmütig zu werden. Und um dann wieder in seine Mitte zu kommen, benötigt man Demut." "Sag mal, was versteht man überhaupt unter Demut?" Opa schaute zum Fenster. Der Himmel war wolkenlos und die Sonne schien ins Fenster hinein. "Ich denke, wir warten bis heute Abend, bis es dunkel geworden ist. Dann werde ich Dir es erklären. Lass uns nun erst einmal mit der Übung beginnen."

Vorbereitung zur Stilleübung

"Jonas, beobachte jetzt mal Deinen Atem. Wenn Du schnell atmest, wird Du nicht zur Ruhe kommen können. Ist Dein Atem ruhig, dann wird es auch mit dieser Übung funktionieren. Das ist für Dich und alle Menschen, die das für sich selbst ausprobieren wollen, ein wichtiges Merkmal. Und Du solltest die Stilleübung erst dann beginnen, wenn Du völlig ruhig ein- und ausatmest.

Dein Stuhl, auf dem Du sitzt, muss eben stehen. Deine Füße haben direkten Kontakt mit dem Boden des Raumes. Dein Rücken ist gerade aufgerichtet. Lehne Dich nicht an. Die meisten Stühle haben eine gewölbte Rückenlehne. Damit ist eine gerade Rückenhaltung nicht zu gewährleisten. Die Hände liegen nach oben geöffnet auf deinen Oberschenkeln."

Opa überprüfte die Haltung von Jonas. Und da dieser alles nach seinen Vorgaben richtiggemacht hatte, begann er mit der eigentlichen Übung.

Die Stilleübung 1

"Und nun schließe Deine Augen. Gehe mit Deinem Bewusstsein von Deinen Augen zum Anfang deiner Wirbelsäule. Von dort gehe jeden einzelnen Wirbel Deiner Wirbelsäule langsam herunter, bis Du das Ende erreicht hast. Das Ende wird auch als Steißbein bezeichnet. Lass Dir für diesen Weg Zeit und gehe achtsam diesen Weg. Wenn du nach einiger Zeit dort angekommen bist, dann lasse Dich mit deinem Bewusstsein in Dein Hüftbecken fallen. Und dort bleibe.

Was empfindest Du? Nehme alle Eindrücke wahr, ohne Wertung. Du musst nichts erreichen oder tun. Beobachte einfach nur. Vielleicht steigen einige Gedanken in Dir auf. Nehme sie und setze sie in Deiner Vorstellung auf eine Wolke. Und sende diese Wolke in Deiner Vorstellung weg."

Und nach einiger Zeit hörte er seinen Opa sagen:

"Den Rückweg beginne von Deinem Becken aus, von dort gehe wieder zum Steißbein. Und dann achtsam in Deinem Tempo die Wirbelsäule, Wirbel um Wirbel, wieder hinauf. Am Anfang der Wirbelsäule angelangt gehe mit Deinem Bewusstsein wieder zu Deinen Augen und öffne sie. Und nun sage in Deiner Vorstellung leise Danke."

Nach einigen Minuten öffnete Jonas wieder seine Augen und war somit im Hier und Jetzt angelangt. Nach seiner Armbanduhr waren gerade 7 Minuten vergangen. Jedoch war es schon etwas ungewohnt, einfach in dieser Haltung still zu sitzen und sich selbst zu beobachten. "Opa, ich hatte so viele Gedanken. Ist das immer so?" "Am Anfang schon. Auch dann, wenn Dich irgendetwas in der Nacht oder am Tag sehr beschäftigt hat. Es ist eine weitere Reise zu Dir selbst. Es wird noch viel zu entdecken geben." "Aber was soll das denn sein?" "Jonas, Fragen über Fragen, warte ab, im Laufe der Zeit werden Deine Fragen durch Erfahrungen beantwortet werden." "Aber Opa, was ist denn der Unterschied zu der Übung am Bach?" "Überlege mal Jonas, was könnte es sein?" "Am Bach habe ich das Plätschern vom Bach und Vögel gehört. Ja richtig, das ist ein wesentlicher Unterschied. Aber was soll denn bis auf die Geräusche anders sein?" "Ganz einfach. Im Wald hast Du Deine Augen geschlossen und Geräusche im Außen gehört. Hier in diesem Raum hast Du am Anfang meine Stimme gehört und warst dann zwischendurch mit Dir selbst allein. Und wenn ich Dich bei Deiner Stilleübung nicht mehr führe, dann bis Du ganz allein mit Dir selbst." "Und wofür soll das gut sein?" "Auch hier warte noch etwas ab, noch ist die Zeit nicht gekommen. Du wirst es bald erfahren."

Am Abend war es endlich soweit. Jonas sollte eine weitere Frage, die nach der Demut, beantwortet bekommen. Hierzu holte sein Gastgeber eine Flasche Holundersaft aus dem Vorratskeller. Und nachdem es dunkel geworden war, kam sein Opa automatisch auf den Begriff Demut zu sprechen. "Weißt Du, viele Menschen entwickeln im Laufe ihres Lebens Überwerte zu ihrer Person. Und so ein

Überwert entsteht dadurch, dass ein Mensch Anerkennung von anderen bekommt. Diese Anerkennung gibt es für etwas, was der jeweilige Mensch gut kann. Es mag eine berufliche Leistung sein die mit Erfolg verbunden ist. Oder auch eine sportliche Leistung, ein bestimmter schulischer Abschluss oder was auch immer. Und da wir alle unterschiedlich sind in unseren Begabungen und Veranlagungen, kann der eine von uns besser Klavier spielen, ein anderer ein Bild malen oder als Koch Spezialitäten zubereiten. Einige dieser Begabungen sehen die Menschen zum jetzigen Zeitpunkt als etwas Außergewöhnliches an. Wenn du einmal älter geworden bist, wird sich das aber verändern. Es werden andere wichtigere Begabungen einen größeren Stellenwert in der Gesellschaft einnehmen. Aber alles, was ein Mensch kann oder nicht kann sollte nie dazu führen, einen Überwert oder einen Minderwert zu entwickeln. Der Minderwert wäre dann das Gefühl nicht gut genug zu sein oder als Verlierer zu gelten, weil man in irgendeiner Disziplin keine guten Ergebnisse erringt. Im Leben geht es um das Spiel des Lebens mit den Begabungen und Veranlagungen, die man mit auf diese Welt gebracht hat. Und alle Menschen sind gleichwertig, egal ob sie nach menschlichen Maßstäben erfolgreich sind oder diesen scheinbaren Maßstäben nicht genügen."

"Ja, Opa, das verstehe ich, aber was ist denn nun Demut." "Sich das bewusstmachen, was ich Dir gerade erklärt habe. Schau Dir mal den Sternenhimmel an. Du siehst dort unendlich viele Sterne. Und meinst Du, diese Sterne würden noch mehr leuchten, wenn Du eine besondere Leistung erbracht hast? Im Verhältnis zu den Sternen sind wir unbedeutend klein. Und doch steckt etwas viel Größeres hinter Dir, mir und dem Universum. Demut bedeutet, sich bewusst zu machen, ein Leben zu leben, die Natur wahrzunehmen und das Glück, eine bestimmte Begabung mit auf seine Lebensreise bekommen zu haben."

Bild und Erkenntnis

Gegen 15:00 Uhr setzte Jonas sich an den Platz, den er bereits gestern eingenommen hatte. Er schloss die Augen und hörte wieder das leise Rauschen des Baches. Und auch die unterschiedlichen Vogelstimmen nahm er wieder wahr. Den Wind spürte er auf der Haut und hin und wieder drang ein Sonnenstrahl durch die Blätter der Bäume zu ihm hindurch. Er bemerkte seinen Atem, der immer ruhiger wurde. Und plötzlich fühlte er sich immer leichter, als ob sein Körper nicht mehr existierte. Und dann sah er plötzlich das Bild aus seinem Zimmer. Das Bild kam immer näher auf ihn zu und scheinbar verschmolzen beide mit einander. Jonas war Jonas und das Bild zugleich. Er war das Schloss. Und der Nebel war verschwunden. Das, was ihn am Bild interessierte, war er selbst. Denn das Schloss stand für seine Person. Er war auf der Suche nach sich selbst. Wer war er wirklich? Der Nebel des Schlosses hatte nur die Sicht auf ihn selbst verdeckt.

Nachdenklich, nervös und gleichzeitig aufgeregt machte er sich auf den Rückweg. Was hatte er gerade erlebt? So richtig konnte es das alles noch nicht zuordnen. Opa Fridolin wusste sicherlich zu seinem Erlebnis etwas zu sagen. Am Bach hatte er das magische Rätsel gelöst, das ihn einige Tage beschäftigt hatte. Und dass alles ohne große Anstrengung. Opa befand sich mal wieder bei seiner Tomatenernte im Garten, als Jonas eintraf. "Du siehst ja recht durcheinander aus. Wollte Dich ein Bär fressen?" "Nein, nein. Ich habe das Rätsel mit dem Bild gelöst." Jonas erzählte ihm von seinem Erlebnis und schloss mit der Frage, ob es das war, was er am Bach lernen sollte?

"Am Anfang hast Du mir geglaubt, dass ein Sinn hinter der Übung am Bach liegt. Somit bist Du vom Glauben zum Wissen gekommen.

Du hast nun eine tolle Erkenntnis zu Dir selbst und dem Bild erfahren. Und das war für Dich ganz einfach und spielerisch. Es ging in den letzten Tagen darum, Deine Wahrnehmung und Achtsamkeit zu schulen. Und das hast Du schon recht gut gemacht. Jedoch solltest Du dort noch etwas anderes erfahren. Du bist dieser Erfahrung bereits ein großes Stück nähergekommen." "Aber Opa, was soll ich denn noch dort erfahren?" "Warte ab Jonas, bleibe bei der Übung." Opa unterbrach seine Worte und sah nachdenklich aus. Dann sagte er: "Es wird nicht mehr lange dauern." "Was soll denn nicht mehr so lange dauern?" Aber darauf gab Opa Fridolin seinem Enkel keine Antwort. Jonas kannte seinen Opa sehr gut. Wenn dieser zu einem Thema nichts mehr sagen wollte oder konnte, dann gab es immer einen wichtigen Grund. An diesem Tag sollte nicht mehr viel Erwähnenswertes passieren. Er ging nach dem Gespräch in sein Zimmer, schaute das Bild an und bemerkte, dass es das Geheimnisvolle verloren hatte. Er war auf dem Weg zu sich selbst. Und das war es, was das Bild ihm mitteilen wollte. Irgendwie hatte diese Instanz in ihm einen Weg gefunden, sich bemerkbar zu machen. Und dass über einen Weg, den er sich nie hätte ausdenken oder vorstellen können. Aber was sollte denn nun noch folgen, fragte er sich.

Stilleübung 2

Beim Frühstück bereitete Opa seinen Enkel bereits auf sein Vorhaben an diesem Tag vor. "Heute erfährst Du die zweite Übung. Sie ist die Erweiterung der Übung, die Du bereits kennen gelernt hast. Es ist ein Geschenk an Dich und an die Menschen, die dieses Buch früher oder später einmal lesen werden. Und auch sie ist, wie das Energiefeld unter meinem Haus, etwas Unbezahlbares. Die wirklichen Werte auf dieser Welt sind nie etwas Gegenständliches. Alles, was wir als Materie kennen, ist nichts anderes als gebundene geistige Energie. Und das bleibt für alle Zeiten so, auch wenn die Menschen

Gold, Autos, Häuser oder was auch immer als wertvoll ansehen. Aber im Leben eines Menschen geht es nicht um materielle Dinge. Es geht um weitaus mehr. Um 10:00 Uhr treffen wir uns wieder in meinem Kapellenzimmer."

Jonas traf bereits 5 Minuten vor ihm ein und setze sich auf einen Stuhl. Er schaute sich nochmals im Zimmer um. Es war ein einfacher Raum ohne große Bilder oder Gegenstände. Am Boden stand eine große Schale mit Wasser und darin befanden sich viele Rosenblüten in unterschiedlichen Farben. Es war ein sehr intensiver Duft, denn die alten englischen Rosenblüten kamen direkt aus dem Garten.

Pünktlich um 10:00 Uhr traf sein Lehrmeister ein. Opa fand diesen Begriff natürlich nicht so passend, denn er hatte seinem Enkel gegenüber immer wieder erwähnt, dass auch er in seinem Alter noch in vielen Angelegenheiten selbst ein Schüler sei. Dies hätte aus seiner Sicht auch mit Demut vor dem Leben zu tun.

Stilleübung 2

"So, Jonas, lass uns beginnen. Achte wieder zuerst auf deine Sitzhaltung: Füße auf dem Boden, gerader Sitz und Deine Handflächen liegen nach oben geöffnet auf Deinen Oberschenkeln. Ich werde nun meine Worte, die Du von unserer ersten Übung bereits kennst, nochmals wiederholen. Folge diesen wieder:

Zuerst schließe Deine Augen. Gehe mit Deinem Bewusstsein von Deinen Augen zum Anfang deiner Wirbelsäule. Von dort gehe jeden einzelnen Wirbel Deiner Wirbelsäule langsam herunter, bis Du das Ende erreicht hast. Lasse Dir für diesen Weg Zeit und gehe achtsam diesen Weg. Wenn Du dort dann angekommen bist, lasse Dich mit Deinem Bewusstsein in Dein Hüftbecken fallen. Und dortbleibe.

Du musst nichts erreichen. Beobachte einfach nur. Vielleicht steigen einige Gedanken in Dir auf. Nehme sie und setze sie in Deiner Vorstellung auf eine Wolke. Und sende diese Wolke weg.

Du befindest Dich in einem geschützten Raum. Bewege Dich nun in Deiner Vorstellung an den Rand Deines Beckens. Und nun taste in Deiner Vorstellung Deinen Beckenraum vollständig ab. Was nimmst Du wahr?"

Nach einigen Minuten hörte er die Stimme von Opa sagen:

"Gehe nun von Deinem Becken weiter zu Deinem Herz. Und hierbleibe. Was empfindest Du? Nehme alle Eindrücke wahr, ohne Wertung.

Und an diesem Ort kannst Du, wie alle Menschen, die das wollen, eine Frage stellen. Frage, was Du wissen möchtest." Jonas fiel nur eine Frage ein. Die nach dem Sinn der Übung am Bach. Also stellte er sie in seiner Vorstellung. Eine Antwort wollte sich jedoch nicht einstellen.

Nach einiger Zeit hörte er wieder die Stimme: "Den Rückweg beginne nun vom Herz zu Deinem Becken, von dort gehe wieder zum Steißbein, und dann achtsam in Deinem Tempo die Wirbelsäule, Wirbel um Wirbel, wieder hinauf. Am Anfang der Wirbelsäule angelangt gehe mit Deinem Bewusstsein wieder zu Deinen Augen und öffne sie. Und nun sage in Deiner Vorstellung wieder leise: Danke."

Nachdem Jonas gedankt und seine Augen geöffnete hatte, lud sein Opa ihn direkt zu einer Wanderung ein. "Sage jetzt nichts. Schweige einfach. Komm mit, ziehe Deine Wanderschuhe an und lass uns ein Stück in die Natur gehen, am besten auf die Wiese oben neben dem alten Heuschober." Jonas kannte diesen Ort bereits recht gut. Von dort hatte man an klaren Tagen einen tollen Ausblick. Nach gut 15 Minuten, in denen beide während es bergauf ging schwiegen, hatten sie ihr Ziel erreicht. "Setz dich hier ins Gras." Opa Fridolin nahm neben ihm Platz. "Was siehst Du, Jonas?" "Ich sehe gegenüber den Wald, die kleine Kirche und dann bis hinunter ins Tal. Und natürlich auch die Sonne und den blauen Himmel." "Und was empfindest Du?" "Den Wind auf der Haut, die Sonnenstrahlen und Freude über diesen schönen Ausblick." "Benötigst Du irgendetwas in diesem Augenblick?" "Nein, natürlich nicht. Es ist einfach nur schön hier, mit Dir zu sitzen." "In solchen Momenten Deines Lebens bist Du Eins mit Dir selbst und der Schöpfung. Und das ist das einzig wahre Glück, das ein Mensch erfahren kann. Du empfindest Dich als verbunden mit all dem was ist. Nun kannst Du diese Empfindung immer und überall haben, denn den Weg, um dieses zu erreichen, hast Du heute kennengelernt."

"Ja, Opa, das ist schon alles sehr interessant. Nur meine Frage, die ich gestellt habe, die habe ich nicht beantwortet bekommen." "Ich beantworte sie Dir jetzt." "Aber woher weißt Du denn, was ich gefragt habe?" "Ich kenne Deine Frage. Es gibt noch andere Möglichkeiten, etwas über einen Menschen zu erfahren, als du Dir gerade vorstellen kannst. Du solltest mit der Übung am Bach erfahren, dass es neben Deinem Verstand noch eine Instanz gibt, die zu Dir spricht. Und das, was manche Menschen als innere Stimme bezeichnen, ist letztlich der direkte Weg zu Deinem göttlichen Kern und somit zu Gott." "Also Du meinst, ich könnte mit dieser Übung erreichen, mit Gott zu sprechen?" "Ja, das ist so. Und das kann jeder Mensch, egal welcher Glaubensrichtung er angehört. Ein Glauben an etwas ist sehr stark vom Verstand des Menschen geprägt. Denn alles in dieser Welt beginnt immer mit dem Glauben. Auch Du hast mir geglaubt, dass die Übung am Bach für dich wichtig war. Wenn sich dann eine Erkenntnis einstellt, wie bei Dir und dem Bild, dann kommst Du zum Wissen. Das wirkliche Wissen in diesem Zusammenhang kann jeder Mensch nur über sein Herz erfahren und somit verstehen." "Aber, wenn dieser göttliche Kern in mir ist, gibt es denn einen Unterschied zwischen mir und Gott? "Diese Frage werde ich Dir nicht beantworten. Stelle sie in Deinem Herzen. Und das gilt auch für die späteren Leser Deines Buches. Nachdem Du Deine Geschichte einmal aufgeschrieben haben wirst. Dort können und sollten alle Menschen die Frage für sich selbst klären." "Aber darf ein Mensch mit Gott direkt sprechen?" "Warum sollte er denn nicht? Was spricht dagegen? Du hast eine Sicht übernommen, die sehr von einem strafenden Gott ausgeht und einem Menschen, der sich ihm nur in größter Demut nähern darf. Das ist ein sehr christliches Bild. Bei den Engeln übrigens verhält es sich völlig anders. Da spielen die Menschen Engelkarten, ziehen den Tagesengel, es gibt Kalender, Bücher und viele weitere Varianten des Glaubens, mit ihnen in Kontakt zu treten. Für die heutigen christlich geprägten Menschen scheint es viel einfacher zu sein, mit einem Engel in Kontakt zu treten. Sicherlich hängt das auch mit den falschen Gottesbildern zusammen, die durch die Welt geistern. Die Bibel berichtet immer von Menschen, die von Gott auserwählt wurden, bestimmte Aufgaben zu übernehmen. Nur der umgekehrte Weg, den ich Dir aufgezeigt habe, wird überhaupt nicht in Erwägung gezogen. Und diese Möglichkeit steht jedem Menschen offen. Der menschliche Verstand wird das sicherlich nicht für möglich halten. Nur, wie Du bereits weißt, bist du nicht Dein Verstand, Du besitzt einen."

Als Jonas am Abend gegen 21:00 Uhr in seinem Zimmer war, beschäftigten ihn natürlich die Erlebnisse von diesem Tag. Wenn das mit den Fragen an seine innere Stimme funktionieren sollte, dann musste es ja möglich sein, alles zu fragen. Aber mit welcher Frage sollte er dann anfangen? Er legte sich in sein Bauernbett. Der Vollmond schien heute besonders stark durch den Fenstervorhang in sein Zimmer. Heute Abend wollte er sich nicht mehr mit Fragen zu seinem Leben beschäftigen. Und auch für ein weiteres Gespräch mit seiner inneren Stimme war er einfach zu müde. Also schloss er die Augen und schlief rasch ein.

Letzter Ferientag bei Opa Friedolin

"Sag mal, Opa," fragte Jonas am Frühstückstisch, "ist es möglich, jede Frage der Welt zu stellen?" "Grundsätzlich ja, aber Du bekommst auch nur die Fragen beantwortet, die für Dich und Dein Leben sinnvoll sind. Also zu wissen, was eine Klassenkameradin von Dir denkt oder auch so in ihrer Freizeit macht, hat aus höherer Sicht keinen Wert. Es geht auch nicht darum, über andere Menschen etwas zu erfahren. Alles was dazu dient, mehr Erkenntnis und Klarheit in Dein eigenes Leben und Erleben zu bringen, wird Dir auch beantwortet werden."

"Und nochmal, wer beantwortet denn meine Fragen?" "Die Instanz, die die Menschen als Seele oder Gottesfunken bezeichnen. Genau genommen ist es der göttliche Anteil in Dir. Und der befindet sich in jeden Menschen. Egal wie die Menschen sich in ihrem Leben verhalten, alle tragen diese Instanz in sich. Dass Verhalten der Menschen ist immer dann problematisch, wenn sie diesen Kontakt nicht kennen oder ihr Leben als Zufallsprodukt abtun. Es ist die Stimme Deines Herzens. Und sie wird dich immer richtig leiten."

"Warum führte denn mein Weg über Dich, um die Stimme des Herzens kennen zu lernen?" "Jonas, das ist doch nur ein Weg. Und für diesen Weg passte das mit uns beiden gut zusammen. Achte aber darauf, gerade am Anfang nicht mit dieser Möglichkeit hausieren zu gehen. Es gibt so viele Menschen, die dir Fallen stellen werden oder Dich als Spinner vorführen möchten. Lass sie ihren Weg gehen. Du weißt, wer Du bist und Du weißt um diese Möglichkeit. Du musst niemandem etwas beweisen, dass das, was Du erfahren hast, auch richtig ist. Auch wirst Du Menschen in Deinem Leben treffen, die Du wiederum unterstützen solltest. Genau genommen sind wir trotz aller Unterschiede eine große menschliche Familie. Du hast dabei natürlich den freien Willen, es zu tun oder nicht zu tun. Aber Du könntest andere sehr gut unterstützen auf ihrem Weg zu sich selbst - je weiter Du selbst auf diesem Weg fortgeschritten bist. Je mehr Menschen sich dieser Möglichkeit bewusstwerden, desto mehr wird sich die Welt in eine Welt ohne Kriege, Habgier und Umweltverschmutzung verändern können. Die beiden Übungen habe ich selbst einmal bekommen, als ich in der Mitte meines Lebensweges angekommen war und noch nicht wusste, wer ich eigentlich bin. Der Weg führt immer über die Stille. Das ist der Weg zu Dir selbst und somit zu der Stimme Deines Herzens. Und wenn Du unsere Geschichte in einem Buch veröffentlichen wirst, dann werden noch mehr Menschen die Möglichkeit wahrnehmen, Kontakt aufzunehmen. Ich habe Dir einen Weg aufgezeigt. Nur musst Du diesen, wie jeder Mensch, selbst gehen. Das ist und bleibt immer eine freie Entscheidung des jeweiligen Menschen."

"Da ich Dich heute wieder nach Haus bringen werde, möchte ich Dir das Bild aus dem Gästezimmer mitgeben. Es hat Dich einige Tage sehr beschäftigt und du sollst es als weiteres Geschenk von mir bekommen. Ich benötige es nicht weiter. Und Dir, Jonas, könnte es helfen, Dich an Deine Erlebnisse und Erfahrungen in den letzten Tagen zu erinnern. Du hast, dass alles wirklich erlebt. Sollten Dir einmal Zweifel kommen, und das kann am Anfang des Weges schon mal eintreten, dann schau Dir das Bild an." Jonas war schon überrascht und konnte nur noch leise "Danke" sagen. Gut verpackt legte Opa das Bild bereits gegen Mittag in den Kofferraum seines Autos, denn für den Nachmittag hatte der Wetterdienst eine gewaltige Regenfront vorhergesagt. Er besaß einen alten Ford, der wohl schon an die 20 Jahre alt war. Doch, obwohl er mehr als 500.000 km auf dem Tacho stehen hatte, war er nie in einer Werkstatt gewesen. Abgesehen von Ölwechsel, Bremsen und Reifen hatte Opa kaum mal etwas ausgetauscht. Es war für alle Bekannten und Verwandten ein Rätsel, wie solch ein altes Auto über diesen langen Zeitraum in einem so guten Zustand sein konnte. Gegen 19:00 Uhr brachte er seinen Enkel zurück zu seinen Eltern. Natürlich musste Jonas sich noch am selben Abend den Fragen seiner Eltern stellen. Besonders interessiert waren sie an seinen Erlebnissen und Ausflügen während der Ferientage. Er erzählte von den zahlreichen Wanderungen, die er allein oder in Begleitung gemacht hatte. Von seinen Übungen am Bach und in dem kleinen Zimmer berichtete er aber nichts. Opa hatte ihn angehalten, erst einmal nichts davon weiter zu erzählen. Das hatte auch noch Zeit. Er wollte vermeiden, dass Jonas bereits frühzeitig durch kritische Fragen und Bemerkungen verunsichert werden könnte. Besonders erfreut war er von seinem Geschenk, dem Bild, das ihn so sehr beeindruckt hatte. Seine Eltern fanden es eher etwas gruselig. Aber wenn es ihm gefiel, konnte er es nach einstimmiger Meinung gerne in seinem Zimmer aufhängen. Und hierfür hatte Jonas auch recht schnell einen Platz gefunden. Die alte Taschenuhr legte er behutsam in ein kleines altes Kästchen, das auf seinem Nachttisch stand. Hinter ihm lagen ereignisreiche Tage, die ihn näher zu sich selbst gebracht hatten. Solch eine Geschichte hätte er sich nie ausdenken können. Und doch waren es verschiedene Puzzleteile die aneinandergereiht einen Sinn für ihn ergaben. Aber erst im Nachhinein schien das für ihn verständlich. Es war wohl so im Leben, dass mit einigem zeitlichem Abstand viele Ereignisse klarer für einen Menschen zu erkennen waren.

Jonas hatte von seinem Opa die beiden Übungen zum Hören der inneren Stimme erhalten. Täglich führte er eine der Übungen durch, je nachdem, ob ihn eine wichtige Frage beschäftigte oder ob er nur auf der Suche nach der Stille war. In der Stadt, in der er lebte, war es natürlich lauter und unruhiger als in dem Dorf, wo sein Opa wohnte. Die Aussage, die Stadt schläft nie, galt sicherlich auch für seine Heimatstadt. Darüber hinaus konnte auch sein I-Phone manchmal recht störend sein, besonders dann, wenn er vergessen hatte, es vor seinen Übungen auszuschalten.

Am Anfang jedoch benötigte Jonas viel Zeit und einiges an Ausdauer. Auch sein Wunsch, schnell weiter zu kommen, war etwas hinderlich. Begonnen hatte er mit Fragen, deren Beantwortungen durch Worte seiner inneren Stimme oder durch einen Traum beantwortet werden konnten. Erst waren es einzelne Worte, dann ganze Sätze, die er wahrnahm. Und nach einer weiteren Zeit war sogar ein Dialog für ihn möglich. Aber nicht jede Frage, die er stellte, wurde beantwortet. Opa hatte ihm erzählt, dass alles, was für ihn in seiner Entwicklung nützlich wäre, auch beantwortet und erfahrbar war. Und die Wege der Beantwortung neben dem bereits erwähnten, waren zahlreich. Nun werden den Leser die Botschaften und Dialoge interessieren, die sich im Laufe einer Folgezeit von 2-3 Jahren für Jonas ergaben. Jonas wird in diesen regelrechten Unterhaltungen als eigenständige Person angesprochen. Hierzu ist eine Auswahl im zweiten Teil des Buches zu finden.

Teil 2

Die Stimme des Herzens

Hallo Jonas. Beginnen wir heute mit den für Dich wichtigen Fragen. Was möchtest du wissen?

Hattest Du mit meinem Opa geplant, dass ich am Bach meine innere Stimme, also Dich hören sollte? Dein Opa Friedolin hatte nur den Impuls, Dich immer wieder dorthin zu schicken. Er wusste jedenfalls am Anfang selbst nicht, wozu das führen sollte. Er hatte die Empfindung, dass alles genau richtig war, um Dich in Deiner Entwicklung zu unterstützen. Darum musste er auch so beharrlich zu sein. Er war und ist immer im Vertrauen und in einem göttlichen Bewusstsein.

Und das Bild, sollte es mich zusätzlich motivieren mich mit mir selbst in Verbindung zu bringen? Ja, Jonas. Beide Wege, der über die Übungen am Bach sowie der über das Bild, sollten dann in einen weiteren Weg münden. Somit bist du von zwei Richtungen zum direkten Ziel geführt wurden. So ist es oftmals im Leben der Menschen.

Der Anteil in euch Menschen, der die direkte Verbindung zu mir besitzt, wird im Laufe eures Lebens immer wieder Wege suchen, Aufmerksamkeit zu bekommen. Die Menschen bezeichnen ihn auch als innere Stimme. Ein Hindernis auf diesem Weg liegt in eurem Verstand, der nur das wahrnehmen will, was er auch sieht oder versteht. Dazu muss er aber in den Hintergrund treten. Dann erst kann versucht werden, ein erweitertes Bewusstsein eurer Persönlichkeit und des Lebens herbeizuführen. Zusätzlich gibt es ein weiteres Hindernis, das eurem Ich-Anteil geschuldet ist. Wenn dieser Ich-Anteil extrem gelebt wird, dann wird auch die innere Stimme kaum noch

Möglichkeiten haben, Gehör zu finden. Zu empfehlen wäre allen Menschen, immer wieder die Stille zu suchen. In der Stille ist die Verbindung zu sich selbst und somit zu eurem Selbst immer möglich. Und das gleichgültig, ob der Mensch in der Stille etwas erfährt oder auch nicht. Allein die Bereitschaft, dass zu tun, bewirkt etwas in jedem Menschen.

Das Bild hat zusätzlich in Dir etwas angesprochen. Es ist und war eine Berührung mit dem Verlangen in Dir herauszubekommen, wer du wirklich bist. Und das hat Dich nicht mehr losgelassen. Menschen, die in Berührung mit sich selbst kommen, empfinden so etwas wie Glück. Wenn du wandern gehst, einen Gipfel erreichst dann benötigst du in diesem Moment nichts Weiteres, du nimmst wahr. Und mit Deiner Wahrnehmung bist du Dir und mir mit Deinem Bewusstsein ganz nah. Du schaust auf das Tal, weite Gipfel, siehst die Sonne und Wolken, spürst den Wind auf Deiner Haut und vieles mehr. Und das ist dann ein wirklich gelebtes Leben. Viele Menschen jedoch haben verlernt, ihre Wahrnehmung wie ich sie gerade beschrieben habe, zu nutzen. Diese Wahrnehmung hat aber noch eine weitere Wirkung. Sie dient der Heilung. Immer dann, wenn ein Mensch mit seinem inneren Kern in Verbindung tritt, kann Heilung stattfinden. Dabei spielt es keine Rolle, ob er das nun bewusstmacht oder wiederum nicht. Das ist recht einfach. Gehe durch die Natur und beobachte. Halte Ordnung in Deinem Zimmer oder Deiner Wohnung. Lebe Rituale, nimm Dir Zeit für Dich selbst. Nimm Dein Leben einfach wahr. Sei achtsam im Umgang mit allen Lebewesen. Und lass nicht zu, dass dein Ego sich zu wichtig nimmt. Habe Freude im Leben. Suche die Verbindung zu mir. Du und alle Menschen müssen dazu nicht um die Welt reisen. Da ich in jedem von Euch zu finden bin, müsst ihr gar nicht im Außen suchen. Im inneren Erleben bin ich zu finden. Ich bin euch näher als euer Atem es ist. Du erlebst aktuell den Beginn eines neuen Zeitalters. Es wird

alles immer schneller vorangehen, wofür vor Jahren nach lange Zeit-
räume notwendig gewesen wären. Der technische Fortschritt nimmt
immer weiter zu und zusätzlich das Verständnis der Menschen für
eine globale Welt. Die Herausforderungen der Zukunft können nur
alle Menschen gemeinsam lösen. Die Klimaproblematik, genauso
wie die Flüchtlingsbewegungen, die Ernährung der Weltbevölkerung
und vieles mehr, muss gemeinschaftlich gelöst werden. Oft steht
leider der Egoismus einiger Politiker, das Macht- und Geldstreben
in einem deutlichen Widerspruch zu den notwendigen Schritten.
Aber die Menschen verfügen auch über den Verstand, etwas zu
verändern. Damit meine ich nicht nur eure Wissenschaftler. Jeder
von euch kann und sollte anfangen, sich selbst zu reflektieren und
sein Verhalten gegenüber den Menschen, Lebewesen und diesem
Planeten zu erkennen. Jeder trägt hierfür auch eine persönliche Verantwortung. Das Leben der Menschen ist ein Geschenk. Und dieses
Geschenk ist aus Liebe an euch geschehen. Auch der freie Wille,
den ihr erhalten habt, hat mit meinem Vertrauen und somit mit
meiner Liebe zu euch zu tun. Wenn du die Welt aktuell betrachtest
wirst du erkennen können, wie sich die Menschen bisher entwickelt
haben und was sich daraus für die Welt mit ihren Lebewesen ergeben hat.

Es geht nicht darum, dass jeder von euch in ein Kloster eintreten
sollte und sich den ganzen Tag dem Gebet hingibt. Das mag für
eine gewisse Zeit für den einen oder anderen von euch wünschens-
wert und sinnvoll sein. Doch sollte sich jeder auch auf sein persönliches Leben einstellen und seine eigenen Begabungen und Vorlieben
entdecken und leben. Es geht darum, sich in die menschliche Gemeinschaft mit einzubringen und diese Welt sinnvoll zu unterstützen. Achtsamkeit ist etwas, was gerade den Menschen oft sehr fehlt.
Das kommt daher, dass die meisten Menschen ihre Sinne nicht
mehr nutzen. Und alles was nicht genutzt wird, wird letztlich ver-

kümmern. Das muss so nicht sein, denn die Wahrnehmung des Lebens in seiner Vielfalt ist die eigentliche Aufgabe aller Menschen auf der Erde.

Was ist denn Bewusstsein?

Jedem Menschen ist es bewusst, einen Körper zu besitzen und ein Leben zu leben. Und das unabhängig davon, ob der Mensch einen Gott oder eine höhere Kraft für sich annimmt. Erst dann, wenn er seinen Körper auch wirklich gebraucht, ich meine damit die Möglichkeit, das Erleben über die eigenen Sinne, entwickelt sich ein erweitertes Bewusstsein. Zusätzlich entfaltet jeder Mensch in seiner Kindheit seinen Ich-Anteil. Damit verbindet er seinen Namen und wird einzigartig mit einer eigenen Lebensgeschichte in dieser Welt. Gewissermaßen unterscheidet er sich dann von anderen als eigenständige Person. Wird nun das Kind von den Eltern und der Umgebung nicht geschätzt, dann entwickelt es ein Minderwertigkeitsgefühl. Die andere extreme Möglichkeit wäre eine falsch verstandene Förderung durch die Eltern, die zu einem übersteigerten Ich-Anteil und somit zum Hochmut führen kann. Manche Eltern betreiben, aus welchen Gründen auch immer, einen der beiden genannten Fehler zum Schaden ihrer Kinder. Dieser Ich-Anteil kann somit bereits in der Kindheit eine Beeinträchtigung erfahren. Das jedoch war von der Schöpfung nie angedacht. Vor der Schöpfung sind alle Menschen gleichwertig. Es gibt kein schlechter oder besser. Jeder hat seine eigenen Begabungen und sollte sie erkennen und leben.

Dieser Ich-Anteil sollte zu einem freieren Leben des Menschen führen. Eingebunden in die Schöpfung mit einem selbständigen Leben. Denke nur mal an die Forscher, Philosophen, Denker, Reisende, die über Jahrtausende diese Welt katalogisiert, die atomare Zusammensetzung erkannt haben oder sich auf die Suche nach der

Welt hinter dieser sichtbaren Welt gemacht haben. Und das alles haben sie als eigenständige Wesen getan. Mit einer falsch verstandenen Freiheit schafft dieser Ich-Anteil eines Menschen unter Umständen große Schwierigkeiten für die gesamte Weltgemeinschaft. Denn selbst Streit, Rechthaberei im Bekannten– oder Familienbereich hat immer auch Auswirkung auf die menschliche Weltgemeinschaft. Es würde nur Frieden in der Welt erreichbar sein, wenn ein friedvolles, harmonischeres und sozialeres Verhalten aller Menschen bereits im persönlichen Lebensumfeld an der Tagesordnung wäre.

Alle Menschen haben von mir das Versprechen bekommen, auf der Erde als eigenständiges Wesen zu leben. Sie haben ein Leben in Freiheit und Verantwortung. Nur leider legen sie diese Freiheit falsch aus und haben zusätzlich die Verantwortung vergessen. Als Gäste auf der Erde haben sie den Planeten für ihren Besitz, Reichtum über die Jahrtausende immer benutzt und ausgebeutet. Die ersten Menschen hatten noch das Bewusstsein, ein Leben zu haben und zu leben. Sie hatten die direkte Verbindung zur Schöpfung. Sie erlebten ihr Leben als Abenteuer in einer materiellen Welt. Dabei ging es vorrangig nicht um Besitz, sondern um Lebenserfahrung. Auch Macht spielte damals eine eher untergeordnete Rolle. Sie wurde nur von wenigen Menschen als Oberhaupt einer Gemeinschaft genutzt. Und das immer zum Wohle der Gemeinschaft und der Natur.

Du kennst sicherlich die Geschichte aus der Bibel von Adam und Eva. Sie steht sinnbildlich dafür, dass sich der Mensch als eigenständiges Wesen erkannte. Doch irgendwann verselbständigte sich der Ich-Anteil so stark, dass nur noch die sichtbare Welt für den größten Teil der Menschen eine Rolle spielte. Somit verschwand auch das Bewusstsein ein Teil der Schöpfung zu sein. Es war wie ein Nebel der sich bei den Menschen über ihr Bewusstsein legte. Damit ging es plötzlich um Besitz, Reichtum und um Macht über andere Menschen. Zu allen Zeiten waren auch Menschen auf der Erde, die den Auftrag von mir hatten, etwas Neues, ein neues Denken und Erkennen des eigentlichen Lebens allen näher zu bringen. Dass waren die Weisen ihrer Zeit. Manche von Ihnen brachten Religionen in die Welt, andere waren die Unterstützer und Heiler der Menschen.

Sag mal, warum gibt es denn so viele unterschiedliche Religionen auf der Welt?

Alle Religionen haben das gleiche Ziel; Jonas. Auch wenn sie unterschiedliche Wege anbieten zum Ursprung zurück zu kommen. Wenn Du genau hinschaust und Dich mit deren Inhalten beschäftigst, wirst Du viele Gemeinsamkeiten und Übereinstimmungen finden. Von der menschlichen Zeitrechnung an gesehen waren die ersten Menschen noch sehr der Natur zugetan. Auch das, was die Menschen heute als Intuition bezeichnen, haben sie bereits in vielfältigen Lebenssituationen genutzt. Gott war für sie Natur. Und Natur war für sie Gott. Somit der Ursprung allen Seins. Später, als die Menschen dann anfingen Kriege zu führen, suchten sie Gott als Kriegsherrn. Mein Name wurde dazu benutzt, sich in Kriege zu begeben. Und das galt dann für alle kriegsführenden Parteien. Die Siegreichen verehrten mich als Gott des Krieges, die Unterlegenen mussten dann die Götterbilder der Sieger übernehmen. So ging die Geschichte immer weiter. Und dann kamen Menschen, die von einem anderen Gott berichteten. Einem Gott der Liebe im Christentum und einen zu erreichenden Gotteszustand im Buddhismus. So war es mit Jesus, Buddha, Mohamed und vielen anderen mehr. Daraus entstanden dann die großen Weltreligionen. Leider gab es aber immer wieder Menschen, die aus egoistischen Gründen, manchmal auch aus besten Absichten, viele Überlieferungen meiner

Propheten falsch oder unwahr weitergegeben haben. Daher gibt es immer noch Menschen, die sich auf eine Religion berufen, um Kriege zu führen, Andersgläubige zu töten und somit das menschliche Macht- und Einflussgebiet zu erweitern. Das kann nicht in meinem Sinn sein. Genau genommen töten sie ihre eigenen Brüder und Schwestern. Und in einem bestimmten Rahmen auch mich in den Menschen und letztlich in sich selbst. Denn jeder Mensch auf dieser Erde hat den gleichen Ursprung. Glaube ohne Liebe macht nun mal fanatisch. Und ein Glaubensgebilde kommt immer aus dem Verstand. Die Menschen können mich aber viel besser über ihr Herz verstehen und auch mit mir in Verbindung treten. Einen direkten Weg zu mir hast du bereits kennen gelernt.

Aber wenn das so ist, warum schreitest Du nicht gegen das Morden ein? Jonas, erinnere Dich daran, dass ihr Menschen den freien Willen bekommen habt. Und dieser ist während ihr auf dieser Erde lebt so vorgesehen. Es ist ein sehr hohes Gut und mein unabdingbares Versprechen vor eurer Geburt auf der Erde gewesen, dass ihr alle in einer eigenen Entscheidungsfreiheit leben könnt. Das Bewusstsein, also das bewusste Sein, nimmt einen immer größeren Raum unter den Menschen ein. Die Umweltsünden, die Machtmissbräuche von Politikern und Unternehmern werden immer mehr aufgedeckt werden. Und wenn die Menschen auch ihren Verstand gebrauchen würden, dann könnte sich vieles zum Besseren ändern. Aktuell lebst Du in einer Zeit von großen Umbrüchen. Damit geht auch ein neues Bewusstsein der Menschen einher. Auf Dauer werden die alten Systeme, die Menschen unterdrücken, nicht überleben können. Auch das Banken- und Geldsystem wird sich zukünftig erheblich verändern. Es werden wieder ethische Grundsätze in den Mittelpunkt des gesamten Handelns kommen. Und es wird wieder eine menschliche Gemeinschaft in Liebe und Gemeinsamkeit gelebt werden. Wer das nicht möchte, wird keine Entwicklungsmöglichkeit auf der Erde mehr haben können. Die Gemeinschaft wird eine immer größere Rolle im Leben der Menschen einnehmen. Bereits die Kinder, die heute geboren werden, besitzen eine andere Wahrnehmung ihrer Person und somit der Welt. Ihr Gerechtigkeitssinn ist erheblich stärker ausgebildet als es noch vor einer oder zwei Generationen war. Auch das Wissen um die geistige Verbindung zu mir ist stärker und oftmals schneller zu bewerkstelligen. Bei Dir verhielt es sich genauso. Aber auch die Leser Deiner Geschichte können sich auf den Weg begeben. Dazu muss niemand verreisen. Denn die für euch sehr bekannten und unbekannten Weisen auf der Welt unterscheiden sich von Dir und jedem anderen Leser nicht wirklich. Der Weise hat den Vorhang beiseitegeschoben, der seine Sicht auf den eigenen göttlichen Kern verdeckt hatte. Und das ist nur ein zeitlicher Vorsprung. Keiner ist mehr wert als der andere. Ihr habt alle die gleiche Ausstattung mit ins Leben bekommen. Nur eure Begabungen und Talente, somit die Geschichte eures Lebens, die ihr zum großen Teil selbst gestalten könnt, ist unterschiedlich.

Die Menschheit

Jonas, ich hatte Dir bereits etwas zu den Anfängen der Menschheit erzählt. Und stellvertretend dafür gibt es die Geschichte von Adam und Eva. Diese hat so nie stattgefunden, soll aber sinnbildlich für den Anfang der Menschen auf der Erde stehen. Mit der Unterscheidung von Mann und Frau kam noch der eigene Ich-Anspruch dazu. Also die Möglichkeit, sich selbst zu erkennen und ein selbstbestimmtes Leben als eigenständige Person zu leben und zu erleben. Das Leben wurde von der Schöpfung als Spiel angedacht und angelegt. Dieses Lebensspiel wird von den meisten heute lebenden Menschen als große Anstrengung wahrgenommen. Da geht es um Arbeit, Existenzsicherung, finanzielle Sicherheit und vieles mehr. Die menschlichen Gesellschaften haben Werte entwickelt die es schwierig machen, seine vermeintliche Sicherheit aufzugeben und etwas Neues auszuprobieren.

Damit hielt dann zwangsläufig noch etwas Einzug in das Leben der Menschen. Es war das Karma, also Schicksal, das dazu dienen sollte, die Menschen durch Erfahrung zum eigentlichen Sein zurückzuführen. Damit hatte jedes Verhalten der Menschen eine Auswirkung auf ihr eigenes und zukünftiges Leben. Hatte also jemand einem anderen Menschen Gewalt angetan, so musste das unweigerlich im gleichen oder nächsten Leben aufgelöst werden. Also wurde der Gewalttätige dann zum Opfer. Das hatte auch zur Folge, dass Frieden auf dieser Welt nicht mehr möglich war. Denn es musste ja immer einen Menschen geben, der half, dem anderen sein Karma aufzulösen. Die Zielsetzung der Schöpfung war grundsätzlich die Erfahrung des Lebens in einem Körper. Jedoch war dieses Karma am Anfang der Menschheit überhaupt nicht vorgesehen. Denn es war nicht zu erwarten, dass die inkarnierten Menschen sich so von ihrem göttlichen Wesen absondern würden. Und somit mit ihrem egoistischen Verhalten ein materiell ausgerichtetes Leben als alleinigen Lebenszweck in den Mittelpunkt ihrer Person zu stellen. Dieses Karma führte seit eurer Zeitrechnung dazu, dass nur ein verhältnismäßig kleiner Teil der inkarnierten Menschen den Kreislauf der ständigen Wiedergeburt auf der Erde verlassen konnte. Und der göttliche Anteil, dass Selbst in jedem, versuchte, so gut wie möglich die Lernerfolge zu unterstützen und das Karma aus den Vorleben und jetzigen Leben zu erlösen. Seit einiger Zeit, also einigen Erdenjahren, haben wir den Kreislauf der Wiedergeburten beendet. Alle inkarnierten Menschen, die sich auf die Suche nach sich selbst und somit nach mir machen, können nochmals inkarnieren Die Menschen die diese Welt als Zufallsprodukt ansehen, mich verleugnen oder sich ausschließlich den materiellen Dingen hingeben, werden ihre Selbständigkeit in der geistigen Welt verlieren.

Wie muss ich mir das denn vorstellen, fragte Jonas.

Nach dem Tod kehren sie zu mir zurück. Sie bleiben als Energiewesen ohne eigenes Bewusstsein in mir oder erhalten Aufgaben im Universum. Die sichtbare Erde ist nur ein kleiner Teil von der Gesamtheit. Hinter diesem Planeten verbirgt sich, genauso wie im gesamten materiellen Universum, eine geistige Welt oder besser gesagt Welten. Und jede dieser Welten ist in viele Bereiche mit Hierarchien, also göttlichen Ordnungen aufgebaut. Auch für die Erde gibt es sehr viele Wesen mit Zuständigkeiten. Und überall helfen geistige Wesen mit, die Ordnung in den Welten aufrecht zu erhalten. Es gibt im gesamten Universum viele weitere Wohnsterne mit menschenähnlichen Lebewesen. Das Leben ist somit nicht durch Zufall entstanden, sondern verläuft überall nach einem göttlichen Plan.

Gibt es denn wirklich Außerirdische? Ja, Jonas. Und dass in einer Anzahl, die sich die Menschen zurzeit noch nicht vorstellen können. Erst wenn die Probleme der Erde gelöst wurden wird eine Zeit kommen, andere Weltenbewohner kennenzulernen. Es ist bereits an Begegnungen und Reisen gedacht. Es existiert ein Antrieb, der wesentlich schneller ist, als die euch bekannte Lichtgeschwindigkeit. Und somit sind die großen Entfernungen zwischen den Sonnensystemen recht schnell zu überbrücken. Die Wesen haben einen Körper, der der menschlichen Erscheinung recht ähnlich ist. Doch zwischen den Bewohnern der jeweiligen Planeten gibt es auch Unterschiede.

Die meisten Menschen auf der Erde leben in ihren selbst geschaffenen Grenzen. Nur das, was sie, also ihr Verstand, für möglich halten, kann somit geschehen. Damit schneiden sie sich selbst von weiteren Erfahrungen und Erkenntnissen ab. Denn wenn ihr euer Umfeld und eure Möglichkeiten nicht wahrnehmt, dann wird euer gedankliches Sichtfeld klein bleiben. Und das gilt nicht nur für eure direkte Umgebung, sondern auch für die Sicht auf das Universum.

Die menschliche Herausforderung besteht für euch in der weiteren Gestaltung dieser Welt mit seinen Lebewesen. Von daher ist es wichtig zu wissen, dass ihr ein Teil von mir seid. Ihr seid somit göttlicher Herkunft. Und das gilt für alle Menschen, egal welcher Hautfarbe, Religion sie auch angehören mögen. Wichtig ist, dass alle um die Möglichkeit wissen, Kontakt zu ihrem Selbst und somit zu mir aufnehmen. Wenn ihr ein Teil von mir seid, dann dürfte euch auch klarwerden, dass ihr über Möglichkeiten verfügt, die euer menschliches Denken und eure Vorstellungskraft bei weiten übersteigen. Ihr seid somit nicht die kleinen Bittsteller, wie es die meisten Menschen von euch annehmen. Und das hat nichts mit Hochmut zu tun, denn ihr seid bereits göttlicher Abstammung.

Bekommen Menschen von Dir ein Ziel für ihr Leben vorgegeben, das sie erreichen sollten?

Du stellst nur die Frage, weil du wissen möchtest, worin wohl Dein Lebensziel liegt. Die Frage von Dir ist natürlich völlig berechtigt. Es gibt sehr viele Bücher, sich Ziele im Leben zu setzen und zu verfolgen. Die Autoren verfolgen dabei unterschiedliche Interessen. Meist geht es darum, seine Zeit besser zu planen, einen materiellen Wohlstand oder irgendeinen Erfolg zu erreichen. Ein Lebensziel hat immer etwas sehr Endgültiges. So etwas Endgültiges gibt es aber nicht. Ihr alle bekommt Lebensaufgaben, jedoch keine Ziele. Denn ob ihr erfolgreich nach menschlichen Maßstäben in eurem Leben seid, interessiert nur am Rande. Es geht bei euren Aufgaben darum zu lernen und etwas umzusetzen. Also euer Bemühen, etwas zu erreichen, ist dabei viel Wichtiger als das Ergebnis. Um diese Aufgaben zu erfüllen bringt ihr Begabungen mit in diese Welt. Aber welche das sind, müsst ihr selbst ergründen. Diese Lebensaufgaben können oder werden sich im Laufe eines Lebens wieder verändern. Ihr habt es selbst in der Hand, in wie weit ihr bestimmte Lebenswege gehen wollt und welche Entwicklungsschritte damit für euch verbunden sind.

Vieles auf dieser Welt wäre einfacher, wenn die Kinder von ihren Eltern bereits in dem Bewusstsein erzogen würden, eine göttliche Herkunft zu haben. Da aber dieses Wissen bei den heutigen Eltern weitgehend verschwunden ist, ist damit ein längerer Weg der Bewusstwerdung verbunden. Denn was die Eltern selbst nicht erfahren haben, können sie somit an ihre Kinder nicht weitergeben. Die Kinder dieser Welt haben in aller Regel nur die Möglichkeit, so wie du Jonas, eigene Wege zu gehen und Erfahrungen zu sammeln. Das funktioniert aber nur, solange sie ihre Neugierde und Wahrnehmung nicht verloren haben.

Im ersten Schritt lernen die Menschen, Ich zu sagen und somit sich als eigenständig Person in ihrer Umgebung zu erkennen. Nun kann dieser Ich-Anspruch, die Verbindung zu mir, eurem Selbst, behindern. Wenn alle Menschen um diese Verbindung wüssten, müssten sie sich keine Fragen mehr stellen welche Lebensaufgaben sie haben. Sie würden ihr Leben als Erfahrung annehmen und ihre Begabungen und erlernten Fähigkeiten zum Wohl aller in dieser Welt einsetzen. Eine Gemeinschaft besteht und trägt sich durch eine Vielfalt von Eigenschaften der Menschen. Die Vorreiter eurer Dörfer und Städte waren die Klöster. Hier wurden Menschen aufgenommen und zusammengeführt, die viele unterschiedliche Eigenschaften und Fähigkeiten besaßen. Dadurch war eine solche Gemeinschaft in der Lage, weiter zu wachsen. Eine Gemeinschaft trägt sich immer gegenseitig. Das ist die höchste Stufe einer Menschengemeinschaft. Die unterste Stufe der Gemeinschaft wäre, sich zu ertragen, die mittlere, sich zu vertragen. Und die beiden ersten Stufen sind oftmals in dieser Welt für die Ego-bestimmten Menschen nicht lebensfähig, so dass die nicht gelebten zwei Stufen die Grundlage für Streitigkeiten und Kriege bilden.

Einer, der sehr viel in seinem Leben erfahren und ausprobieren wollte, war der euch bekannte Philosoph und Dichter Johann Wolfgang von Goethe. Er hatte es verstanden, sein Leben als Entdeckungsreise wahrzunehmen. Und das bezogen auf seine Person, also die innere Erkenntnis sowie im Außen, die Welt neugierig und interessiert wahrzunehmen. Er hat vieles ausprobiert und begegnete allem achtsam und lebte seine Wahrnehmungsmöglichkeit völlig aus. Er ist einer der Menschen gewesen, die ihr Lebenspotential voll ausgeschöpft haben. Beschäftigt sich ein Mensch mit einem Thema und behält seine Neugierde bei, dann kann er immer mehr seine eigenen Grenzen, die ihm durch seinen Verstand vorgegeben werden auflösen.

Wozu dienen denn die Lernaufgaben eines Menschen?

Es geht in aller Regel darum, bewusster zu werden. Also ein Bewusstsein zu erreichen, dass die Verbindung zum Selbst wiederherstellt. Und die Wege, die dort hin führen sind sehr individuell. Die Aufgabe und persönlichen Begabungen können dazu dienen, andere Menschen zu unterstützen. Nun muss nicht jeder in einen sozialen Dienst eintreten. Es kann auch sein, dass ein Künstler die Menschen mit seiner Kunst erfreut, ein anderer als Gärtner tätig ist oder ein weiterer in einem Büro seine Aufgaben erledigt. Alle Tätigkeiten sind gleichberechtigt und sollten im besten Fall dazu dienen, die Menschen in ihrem Leben zu unterstützen und zu fördern. Das Mitgefühl, das ein Mensch einem anderen gegenüber aufbringt, bringt er gleichzeitig mir gegenüber auf. Denn alle Menschen besitzen die gleiche Abstammung. Somit sind alle Brüder und Schwestern.

Das wichtigste, dass ein Mensch während seines Lebens als Aufgabe für sich annehmen sollte, ist der Weg der Rückbesinnung. Und dieser Weg führt über die Stille. Es wird sehr wichtig, seinen Kontakt zu dieser inneren Instanz zu suchen und zu finden. Denn die Welt mit ihren Lebewesen benötigt Lösungen, die umso besser zu finden sind mit dem direkten Kontakt zur Schöpfung.

Die Heilung der Welt

Jonas, du hast nun bereits einiges in den letzten Wochen und Monaten über das Leben erfahren. Weißt du, eine Heilung der Welt und der lebenden Menschen ist immer noch möglich. Das wird aber nur zu erreichen sein, indem jeder einzelne Mensch sich seiner Herkunft wieder bewusst wird. Im ersten Schritt ist es wichtig, die Stille zu suchen. Wenn du aufmerksam bist, wirst du überall in Deinem Land die ersten Auswirkungen hierzu entdecken. Es sind z.B. in manchen Städten Räume der Stille zu finden und es werden Wochen der Stille und Achtsamkeit veranstaltet. So kommt mit der Stille und Achtsamkeit die Wahrnehmung des Lebens wieder zu den Menschen zurück. Ihr alle besitzt einen göttlichen Anteil in euch, euer Selbst. Dieses Selbst wartet darauf, dass ihr den Kontakt aufnehmt. Dieser Kontakt ist dann bereits die Verbindung zu der gesamten Schöpfung. Damit kann jeder an jedem Ort der Welt sofort anfangen. Niemand muss durch die Welt reisen, um einen von den Menschen verehrten Weisen oder heiligen Ort aufzusuchen. Im Einzelfall mag es manchmal hilfreich sein, jedoch muss jeder seinen eigenen Weg gehen. Wichtig ist, dass euer Verstand, der euch sonst in vielen Angelegenheiten hilfreich ist, nicht im Weg steht.

Heilung kommt euch mit einem bewussten Sein zu. Und das ist

recht einfach, da es bereits in allen Menschen so angelegt ist. Es reicht bereits aus, die Natur mit Deinen Sinnen bewusst wahrzunehmen, also zum Beispiel auf einer Wiese an einer Blume zu riechen, Ameisen beim Bau ihres Nestes zu beobachten und vieles mehr. Alle Menschen besitzen zusätzlich eine große geistige Macht, die für die Welt und alle Lebewesen eingesetzt werden kann. Und alle Menschen, die für diese Welt eintreten, sind an ein eigenes geistiges Netzwerk angeschlossen. Hier sind alle Menschen versammelt, denen das Wohl der Menschheit, der Lebewesen und des Planeten am Herzen liegt. Ihr könnt in dieses Netzwerk selbstständig Vorstellungen, also Gedanken mit Bildern, für eine neue Ausrichtung der Welt hinterlegen. Ihr alle habt darauf Zugriff, egal wo auf der Welt ihr euch befindet. Es ist auch ohne Bedeutung, welchen Beruf ihr ausübt oder in welchem sozialen Umfeld ihr euch befindet. Ihr alle seid ein Teil von der Schöpfung und somit meine Kinder. Macht euch einfach klar, dass ihr eine geistige Macht besitzt.

Also, so ganz verstehe ich das nicht, meinte Jonas.

Jonas, hast du schon einmal einen Traum gehabt? Ja, wenn ich schlafe, ständig. Ich meine, wenn Du wach bist, auf einer Wiese sitzt und scheinbar nichts tust. Ja, dann sehe ich Insekten, Blumen und hin und wieder auch einen Hasen. Aber kommst du nicht auf der Wiese schon mal in eine Situation, bei der du an ein vergangenes Ereignis in Deinem Leben denkst? Ja, schon. Und wenn Du zum Beispiel an Deinen letzten Besuch auf dem Hof deines Opas denkst, sind das dann nur Gedanken? Nein, nicht nur, ich begebe mich in ein Bild hinein, an das ich mich dann erinnere. Genau, Jonas, diese Bilder sind es, die Du idealerweise benutzen kannst, um sie in das Netzwerk zu geben. Ja, aber ich weiß immer noch nicht, ob meine Erlebnisbilder von Interesse für die Welt sind. Für die Welt mögen alle Bilder wichtig sein, die glücklichen Momente, Inspirationen für die Menschen, Ideen für eine bessere Welt und Umwelt hervorbringen. Denn viele Menschen haben nicht die Möglichkeit, Deine Erfahrungen zu machen, weil sie nur in Abhängigkeit arbeiten, keine Freizeit haben oder einfach im Sinn eines Staates funktionieren müssen. Aber auch die können sich mit ihren Bildern an der neuen Welt und einer neuen Weltordnung beteiligen. Jedes Bild ist wichtig, das förderlich ist für eine neue Weltgemeinschaft. Ihr alle tragt dafür auch Verantwortung. In erster Linie die Verantwortung für euer Leben und in zweiter für das Leben der Gemeinschaft sowie aller Lebewesen. Und dadurch geschieht Heilung.

Erinnere Dich daran, ihr tragt alle Verantwortung für euer Leben und somit für diesen Planeten. Ihr habt dazu den freien Willen bekommen, euer Leben zu planen und euer Lebensumfeld zu gestalten. Und aus diesem Grund benötige ich euch alle mit euren Vorstellungen, Bilder und Gedanken für die notwendige Neuausrichtung und Gestaltung der Welt.

Heilung der Person

Jonas, du hast bereits selbst erfahren, dass ein Bild, das du ansiehst, etwas in Dir und somit in jedem Menschen auslösen kann. Genaugenommen hast du einen Weg begonnen, von dem du nicht wusstest, wohin er sich entwickeln sollte. Und in Deinem Fall hat es zu Deinem Heil beigetragen. Aber ich war doch gar nicht krank, meinte Jonas. Körperlich hast Du schon Recht. Aber auf dem geistigen Gebiet war zumindest eine Blockade vorhanden. Und mit der Erkenntnis, die das Bild ausgelöst hat, hast Du diese dann gelöst. Und das bezeichne ich als Heilung. Es gibt so viele Menschen auf der Welt, die aktuell körperlich gesund sein mögen, jedoch auf der geistigen Ebene ernsthaft krank. Früher oder später wird es zwangsläufig bei einer geistigen Blockade darauf hinauslaufen, auch körperlich in Mitleidenschaft gezogen zu werden. Denke immer daran, alle Menschen auf dieser Erde sind geistige Wesen. Sie besitzen während ihres Lebens auf der Erde einen materiellen Körper. Und dieser Körper folgt einem geistigen Bauplan. Eigentlich ist es ein zusätzlicher Körper, der den Menschen in der materiellen Welt zur Verfügung steht und im wahrsten Sinne des Wortes am Boden hält.

Alleine durch die gelebte Achtsamkeit im Leben, oder auch dem Einhalten einer Ordnung ist Heilung möglich. Heilung bedeutet, sich seinem wirklichen Leben und Erleben bewusst zu sein oder zu werden. Aber natürlich auch der Verantwortung für seine Mitmenschen, dieser Welt und seinen Lebewesen. Wenn die menschlichen Sinne nicht gelebt werden, werden sie sich zurück entwickeln. Also, wenn jemand nur auf der Couch sitzt und fernsieht, dann wird er auf Dauer körperliche Probleme bekommen. Und die betreffen körperlich gesehen die Knochen, Muskeln, Gelenke sowie die gesamte körperliche Durchblutung. Auf die geistigen Nebelbänke die zusätzlich entstehen möchte ich nicht weiter eingehen.

Wichtig ist es im wahrsten Sinne des Wortes, in Bewegung zu kommen und zu bleiben. Nicht nur geistig, sondern auch körperlich. Mit Yoga und vielen weiteren Bewegungssystemen ist es für alle Menschen, egal in welchen Alter, gut möglich, sich ihre körperliche Gesundheit aufrecht zu erhalten.

Nur habt ihr durch euer Handeln es auch selbst in der Hand, nicht körperlich krank zu werden. Denn wenn ein Mensch sich gegen die in ihm veranlagten und vorgesehenen Begabungen stellt, dann wird es zwangsläufig auf ein Leben mit Unzufriedenheit hinauslaufen. Und auch dieses Verhalten kann zu einer Krankheit führen, um den betreffenden Menschen aufzuwecken sich auf den wirklichen Sinn in seinem Leben zu konzentrieren. Viele Menschen leben die Lebensvorstellungen ihrer Eltern oder anderer Bezugspersonen und geben damit die eigene Macht über ihr Leben ab. Und dann begeben sie sich auf Irrwege. Meist durch eine menschliche Sichtweise vorgegeben. Also steht Geld, Macht oder berufliche Karriere im Vordergrund. Aber das ist aus geistiger Sicht überhaupt nicht wichtig. Viel wichtiger ist, dass alle Menschen sich auf ihre wirklichen Veranlagungen besinnen und diese dann zum Wohl aller leben. Und dabei gibt es keine großen oder kleinen Aufgaben. Alle Aufgabenbereiche und Berufe sind und bleiben gleichberechtigt. Somit muss auch niemand hochmütig werden, weil er eine Universität erfolgreich beendet hat, ein anderer aber scheinbar nur Gärtner sein will.

Mit der Wahrnehmung eures Lebens könnt ihr geistigen Behinderungen und körperlichen Einschränkungen sehr gut vorbeugen. Denn euer Leben soll zur Wahrnehmung dienen. Wenn ihr diese Welt wirklich wahrnehmt, dann wird sich auch Mitgefühl für alle Lebewesen einstellen. Und dieses Mitgefühl dient eurer Heilung und der Heilung dieser Welt. Natürlich müsst ihr auch in Aktion treten. Ein Leben, das nur über den Verstand gelebt wird, wird letztlich unvollständig bleiben.

Glück

Was ist denn für Dich Glück, Jonas? Zu leben und alle Fragen beantwortet zu bekommen, die ich so habe. Na ja, alle Fragen beantworte ich Dir nicht. Nur die, die auch einen Sinn haben und die nicht Deiner Neugierde über andere Menschen entspringen. Und zusätzlich sollst Du auch selbst durch das Leben gehen und deine eigenen Erfahrungen sammeln. Denn darin besteht der Sinn Deines und somit aller Menschenleben. Also wäre Glück für Dich Wissen anzueignen? Ja, Du hast Recht. Und Wissen kannst Du Dir hier auf der Erde nur aneignen, wenn Du hier auch lebst. Und somit wäre für Dich Glück, ein Leben auf diesem Planeten zu haben. Ja, das wäre es auf den Punkt gebracht.

Empfinden denn alle Menschen Glück, weil sie ein Leben haben?

Leider, Jonas, erkennen viele Menschen das nicht. Für sie bedeutet Glück reich zu werden, Karriere zu machen, Bewunderung von anderen Menschen zu bekommen und vieles mehr. Bei den meisten Menschen ist es so, dass sie ihr Leben auf das Außen gerichtet haben. Somit verspricht ihnen die äußere Welt mit ihren Verlockungen ein Glücksgefühl. Jedenfalls ein vorläufiges, solange wie sie Geld oder Macht besitzen und die, die daran nicht teilnehmen können, weil sie vielleicht arm sind, keine Arbeit haben, erleben das Leben als Jammertal. Beide Gruppen suchen häufig und ausschließlich nach dem Glück im äußeren Leben. Dabei vergessen die Menschen, dass es auch ein inneres Erleben und Leben gibt. Du bist, wie Du bereits erfahren hast, mehr als nur Dein Körper.

Und was kann man tun, dass alle Menschen wirklich glücklich werden, fragte Jonas. Nun, der Weg geht, wie es bei Dir war, über Dein inneres Leben und Erleben. Auch Du musstest erst einmal herausfinden wer du wirklich bist. Für Dich war es das Wahrnehmen Deiner Person am Bach. Dein Verstand stand Dir dabei am Anfang noch im Weg. Also die Frage, die Dich beschäftigt hatte, warum mache ich das überhaupt. Auch die Empfindung, bei deiner Übung mit geschlossen Augen sicher und aufgehoben zu sein, hat sich in Dir entwickelt. Die Menschen haben heute, bei all ihren Ablenkungen durch das äußere Leben, verlernt, solchen Erfahrungen eine Bedeutung beizumessen. Sie sind nicht von ihren Leben begeistert. Und lassen sich oftmals auch nicht mehr begeistern. Und ohne Begeisterung kann keine Veränderung stattfinden. In deinem Land denken viele Menschen darüber nach, was der Staat für sie tun kann. Aber sie denken nicht darüber nach, was sie für die Allgemeinheit selbst tun können. Es ist eine sehr traurige Entwicklung. Aber sie rührt in erster Line daher, dass sie ihr Leben als eigenständiges Leben wahrnehmen. Sie glauben daran, dass ihr Leben Zufall ist und dass der körperliche Tod das vollständige Ende ihres Lebens bedeutet. Und bis dahin wollen sie noch einiger Maßen gut leben. Eine Aufbruchstimmung in den Menschen kann nur entstehen, wenn sie sich ihrer selbst wieder bewusstwerden. Nur, wer das nicht will, dem kann ich nicht helfen.

Aber warum denn nicht?

Weil ihr alle den freien Willen bekommen habt. Und das ist meine absolute Zusage an alle Menschen, bevor ihr auf der Erde inkarniert seid. Als ich diese vor lange Zeit erteilt habe, konnte ich noch nicht absehen, wohin das einmal führen sollte.

Aber bist du nicht allwissend?

Jonas, das nehmen die Menschen an. Aber auch ich kann nicht alle Entwicklungen voraussehen. Ich kann aktuell auch nicht sagen, wie lange noch Menschen auf der Erde leben werden. Das hängt zu einem großen Teil von den jeweiligen lebenden Menschen ab. Wären alle Menschen sich ihrer wirklich bewusst, dann würden alle Kriege im Kleinen und im Großen sofort beendet und alle würden sorgsam mit den Ressourcen dieser Welt umgehen. Umweltverschmutzung würde sofort beendet werden und auch euer Umgang mit den anderen Lebewesen wäre ein völlig anderer.

Neben dem freien Willen besitzen die Menschen noch eine weitere Möglichkeit, ihr Leben zu gestalten. Sie sind sich dieser Macht meist nicht bewusst. Es ist die geistige Macht, Vorstellungen und Gedan-

52

ken in die materielle Welt zu bringen. Ein Schreiner, der ein Stück Holz betrachtet und daraus etwas baut, schöpft mit und aus dieser geistigen Energie. Genauso verhält es sich auch mit Menschen, die Macht ausüben und sich dann in großen Massen ihre Bewunderer um sich scharen. Je mehr Menschen auf die oftmals abwegigen Ideen eines Mächtigen eingehen und sich mit diesen identifizieren, umso größer wird auch deren geistige Energie. Das funktioniert selbstverständlich auch wenn ein bewusster Mensch sich für ein Projekt einsetzt. Die, die dann sich in seinen Ideen wiederfinden, bilden auch eine geistige Gemeinschaft. Doch einen Unterschied gibt es zwischen den beiden Varianten. Das bewusste Projekt, das den Sinn darin sieht, etwas für die Welt und ihre Menschen zu tun, wird auch in der Folge bestehen bleiben. Die Ideen eines Mächtigen, die nur zu seinem Nutzen ausgelegt sind, werden zwangsläufig untergehen. Und somit ist jedes der noch existierenden diktatorischen Systeme auf der Welt zwangsläufig dem Untergang geweiht.

Aber kannst Du denn nichts unternehmen?

Denke nochmals daran Jonas, die Menschen haben den freien Willen. Und wenn sie ihr Leben als Zufall abtun und ihren eigenen göttlichen Anteil nicht wahrnehmen wollen, dann entwickelt es sich in diese Richtung. Das Resultat des freien Willens und der bisherigen menschlichen Machtausübung siehst Du aktuell in der Welt.

Es hängt auch damit zusammen, was die Menschen im Laufe der Evolution als menschliche Werte entwickelt haben. Die Werte, die heute in der Welt gelten, entsprechen nicht oder nur noch teilweise meinen Vorgaben. Werte, wie großen Besitz und Land anzuhäufen, nach menschlichen Voraussetzungen erfolgreich zu sein, Karriere und Macht nur um seiner selbst willen zu verfolgen, entsprechen nicht den Werten in der geistigen Welt. Und ich erinnere Dich und alle nochmals daran, ihr seid geistige Wesen, die ihren Ursprung nicht auf dieser Welt haben. Wenn Menschen an diesen falschen Werten festhalten, werden sie nie wirklich glücklich werden. Sie befinden sich auf der Suche nach dem eigentlichen Sinn in ihrem Leben. Sie fühlen sich oftmals allein. Das ist der Preis dafür, dass Leben nur in einer materiellen Welt zu sehen. Und um diese Empfindung des Alleinseines zu überdecken, suchen sie das scheinbare Glück im Kaufen von besonderen Gütern. Also kaufen sie ein schnelles Auto, einen tollen Fernseher oder was auch immer. Und dass alles soll dazu dienen, Anerkennung ihrer Person von anderen Menschen zu erhalten. Und um immer mehr dieser vermeintlichen Anerkennung zu erhalten, laufen sie in einem großen Hamsterrad, schlimmstenfalls bis zu ihrem Lebensende mit. In der Welt, aus der sie kommen, übrigens auch Du, sind sie in der Gemeinschaft mit mir. Auf der Erde haben sie den eigenen Willen bekommen selbst zu entscheiden, was sie für richtig oder falsch halten. Mit anderen Worten, den Bestandteil Ich zu sich zu sagen. Und für dieses Ich und den damit verbundenen eigenen Willen, haben sie die Gemeinschaft, oder besser bewusste Gemeinschaft mit mir aufgegeben. Nur eine Trennung hat nicht wirklich stattgefunden. Solange sie sich nicht auf den Weg der Rückbesinnung begeben, wird ihnen das wirkliche Glück fehlen. Und sie bleiben Suchende. Ob es ihnen bewusst ist oder nicht, es ist so. Aber es bleibt ihre jeweilige Entscheidung.

Ende des menschlichen Lebens

Jonas, Dich beschäftigt aktuell sehr der Tod deiner Tante. Was ist es, dass Dich über ihren Tod so traurig macht?

Es ist, dass Gefühl einen Menschen auf dieser Welt verloren zu haben. Und es macht mich traurig, sie nicht mehr zu sehen und mich mit ihr nicht mehr unterhalten zu können. Sie war in ihrem Wesen Opa Friedolin recht ähnlich. Von daher habe ich mich immer gerne mit ihr unterhalten.

Du hast Deine Trauer recht gut beschrieben. Wie die Geburt gehört nun mal auch der Tod zum Leben eines Menschen. Und Du weißt, dass alle Menschen nur vorübergehende Gäste auf der Erde sind. Und auch, dass jedes Menschenleben einen Sinn hat und dazu dient, in einer bestimmten Lebenszeit Erfahrungen auf dieser Welt zu machen.

Aber warum werden denn nicht alle Menschen gleich alt?

Das hängt zu einem Teil auch von ihrer eigenen Entwicklung ab. Wenn ein Mensch bestimmte Verhaltensweisen nicht ablegen oder bestimmte Dinge nicht lernen möchte, dann kann sein Leben auch vorzeitig beendet werden. Auch durch eine Krankheit kann er möglicher Weise seine Person oder bestimmte persönliche Einstellungen überdenken und verändern. Oftmals geht es um die Überprüfung der eigenen Werte, die Beziehung zu anderen Menschen oder Demut vor dem Leben zu entwickeln und vieles mehr. Menschen in persönlichen Krisen, und dazu gehören auch Krankheiten, sollen helfen, selbst die eigene Person und das eigene Verhalten zu überprüfen. Es ist der göttliche Anteil in einem Menschen, also Dein Selbst, das alles daran setzten wird, einen Lernerfolg im jeweiligen Menschenleben zu erzielen. Und dieses Selbst entscheidet dann auch über den Zeitpunkt des Todes.

Wobei Du im Zusammenhang mit dem Tod daran denken solltest, dass ausschließlich der materielle Körper stirbt. Doch das eigentliche geistige Wesen ist durch nichts zu zerstören. Doch es ist schlimm genug, dass menschliche Wesen ihre eigenen Brüder und Schwestern töten. Sie nehmen anderen die Möglichkeit, ihr Leben zu leben. Und das kann nicht im Interesse der Schöpfung sein. Denn das Erleben des Einzelnen ist auch das Erleben von mir, da ich mich in jedem von Euch befinde.

Es gab im letzten Jahrhundert eine Zeit, in der ein Diktator in Deutschland an die politische Macht kam. Das Volk feierte ihn. Dadurch verschaffte er sich eine große geistige Energie, getragen von all seinen Bewunderern. Ein Mensch, der dann noch an der Spitze eines Landes oder Religion steht, kann im wahrsten Sinne des Wortes abheben. Erinnere Dich an den freien Willen der Menschen. Diese Menschen die ihm folgten legten dann selbst die Grundlage für den Krieg und dessen Ausgang. Es war die freie Entscheidung der meisten, die zu dieser Zeit in Deinem Land lebten.

Jeder Mensch hat sein Leben aus Liebe von mir erhalten. Und die Verbindung zu mir geschieht durch den göttlichen Anteil, das Selbst. Der göttliche Anteil kann nicht krank werden oder sich falsch verhalten. Die Person mit seinem entwickelten Ego-Anteil verhält sich falsch. Und das bedeutet nun auch Entwicklung für jeden Menschen, der dann in dem gleichen oder weiteren Leben zu einer Erkenntnis des Seins kommen sollte. Einfach ausgedrückt geht der Weg vom Ich (Ego) zum Selbst und somit zu mir.

Das Leben und Erleben auf diesem Planeten werden sich schnell verändern. Die Menschen stehen vor großen Herausforderungen. Und diese werden sie nur dann bewältigen, wenn sie eine menschliche Gemeinschaft entwickeln, die alle Lebewesen und diesen Planeten miteinschließen. Dadurch das sich die Frequenz der Erde verändert, die immer weiter angehoben wird, werden Menschen die sich unterhalb dieser Frequenz auf Ihrer Entwicklungsstufe befinden keine Möglichkeit mehr haben, Ihre Inkarnationen auf der Erde abzuschließen.

Du siehst sehr nachdenklich aus, Jonas. Was beschäftigt dich?

Aber ist das nicht ungerecht den Menschen gegenüber die sich nicht mehr auf dieser Erde weiter entwickeln können?

Es ist bereits in der kosmischen Ordnung so festgelegt das die Erde in der Frequenz angehoben wird. Und diesen Umstand kennen alle inkarnierten Seelen. Es ist und war ihre eigene Entscheidung zu diesem Zeitpunkt hier zu sein und möglicher Weise die notwendigen Entwicklungsschritte nicht mehr zu schaffen. Du magst es aktuell nicht verstehen, nur alles, was passiert, passiert immer aus Liebe. Sie ist die tragende Kraft im Universum.

Nach dem Tod des materiellen Körpers wird jedes geistige Wesen sein Leben nochmals in der Gesamtheit betrachten. Auch in den Auswirkungen, seine Entscheidungen auf andere Menschen und deren Leben. Die Beurteilungskriterien sind nicht die Maßstäbe, die die Menschen auf der Erde entwickelt haben. Es geht dabei nicht um Ruhm, Macht oder Reichtum, der im Leben erworben wurde. Du kannst davon ausgehen, dass alles gerecht und aus Liebe zu euch eine Beurteilung finden wird.

Noch eine letzte Anmerkung zu diesem Thema: Wenn Du diese später in einem Buch veröffentlichst, wirst Du dadurch viele Anfeindungen von Menschen hervorrufen. Mir ist es aber wichtig, dies auch allen Frauen mitzuteilen, die in ihrem Leben abgetrieben haben. Wenn ein Wesen auf dieser Welt inkarnieren möchte, benötigt dieses zwei Menschen, die als Mutter und Vater ihm zur Geburt verhelfen. Und diese drei verabreden auf der geistigen Ebene die menschliche Geburt. Treibt nun die Mutter aus welchen Gründen auch immer ab, dann lädt sie sich keine Schuld gegenüber der Schöpfung auf. Die menschlichen und meist religiösen Sichtweisen sehen das genau anders. Sie versuchen wieder einmal, etwas über den menschlichen Verstand zu verstehen und sich ein Urteil zu bilden. Aus göttlicher Sicht wird einzig die freiwillige Vereinbarung der Geburt aufgehoben. Und somit besteht überhaupt keine Schuld unter allen Beteiligten.

Nachwort

Es mag sein, dass die meisten Leser etwas ungläubig sind, dass sie selbst solch einen Kontakt zu der eigenen inneren Stimme herstellen können. Aber diese Geschichte zeigt ihnen, dass es durchaus möglich ist. Die Übungen helfen ihnen dabei, den Punkt in sich zu finden, der mehr ist als dieser Ich-Anteil, den sie in ihrem Leben entwickelt haben. Wir alle bewegen uns in einem Spannungsfeld zwischen dem Ich und diesem göttlichen Anteil. Wenn dieses Ich eingebunden wird und die absolute Macht abgibt, dann kann dieser göttliche Anteil immer mehr in unser Leben treten. Das kann uns, soweit wir auf diesen hören, vor Fehlern bewahren. Wobei Fehler, die wir begehen, uns in unserem Leben und Erleben behindern können. Im besten Fall erkennen wir die Auswirkungen und verändern unsere zukünftiges Verhalten. Alles dient dazu, zu der Einheit mit der Schöpfung zurückzukehren. Folgen wir also nur dem Ich, dann können wir uns auf ständige Irrwege begeben. Die Folge wäre, dass dieser weitere Anteil in uns einschreitet. Wie? Durch Schicksalsschläge oder bestimmte Ereignisse, die uns hindern, einen falschen Weg weiter zu gehen und/oder unser Verhalten zu reflektieren. Es handelt sich bei unserem Leben um ein großes Lebensspiel. Wenn wir es richtig verstehen, dann wird es uns zum wirklichen Sein führen. Würden alle Menschen auf dieser Welt sich dessen bewusst sein, wären viele der heutigen Probleme über Nacht verschwunden. Lassen Sie uns damit anfangen, mit jedem Tag dieser inneren Stimme mehr zu vertrauen und ihr zu folgen. Ich bin sicher, dass alle, die es wollen, sich der Gnade der Schöpfung sicher sein können.

Dazu wünsche ich allen Lesern ein gutes Gelingen

Peter Wandler

Weitere Bücher von Peter Wandler

Luisa und das alte Buch ihres Großvaters

Luisa findet auf dem Dachboden ein altes Buch. Hierin befindet sich eine Nachricht ihres verstobenen Großvaters. Sie beginnt in diesem alten Buch zu lesen und erfährt etwas über die Möglichkeiten der Menschen, ihr Leben bewusster wahrzunehmen.

Ein Lehrling auf seiner Reise durch die Welt

Tim beginnt eine Reise, dessen Ziel er nicht kennt. Von einem weisen Lehrmeister (Lebensmeister) hat er gelernt, auf seine innere Stimme zu hören. Auf der ersten Reiseetappe liest er einen persönlichen Brief von seinem Lebensmeister und bekommt die Aufgabe herauszufinden, was für die Menschen der Sinn des Lebens ist. Zusätzlich soll er den Ursprung aller Dinge und somit der Welt herausfinden. So lässt er sich von seiner inneren Stimme leiten und lernt Städte, Menschen und ihre unterschiedlichen Lebensansichten kennen

Gespräche auf dem Weg nach Santiago de Compostela

Die Geschichte erzählt die Erlebnisse von Tom, der sich auf den Weg macht die Kathedrale von Santiago de Compostela zu erreichen. Auf seinem Pilgerweg begegnet er weiteren Menschen. Sie alle haben sich, genauso wie er aufgemacht dieses Ziel zu erreichen. Durch einen unbekannten Mann erfährt er eine Übung die ihn näher zu sich selbst bringen wird.

Gespräche mit einer weisen Frau

Thomas befindet sich zu einer Herzoperation in einem Krankenhaus. Dort hat er ein Erlebnis der anderen Art. Er sieht und bemerkt sich außerhalb seines Körpers. Mit diesem Erlebnis macht er sich auf die Suche eine Erklärung für seine Eindrücke zu finden. Es beginnt ein Weg, der ihn zu sich selbst führen wird.

Für ihre Gedanken zum eigenen Leben.